Medialität, Channeling & Trance

Das Praxisbuch:
Wie Sie Ihre medialen Fähigkeiten Schritt für Schritt erwecken, schulen und anwenden in Alltag oder Beruf

Arjuna Devi

Alle Ratschläge in diesem Buch wurden vom Autor und vom Verlag sorgfältig erwogen und geprüft. Eine Garantie kann dennoch nicht übernommen werden. Eine Haftung des Autors beziehungsweise des Verlags für jegliche Personen-, Sach- und Vermögensschäden ist daher ausgeschlossen.

ISBN: 978-3-969301159

Email: info@edition-lunerion.de
www.edition-lunerion.de

Psiana eCom UG
Berumer Str. 44
26844 Jemgum

INHALT

Die faszinierende Welt des Unerklärlichen

Wir leben in einer Zeit, in der das Übernatürliche nicht nur immer allgegenwärtiger zu werden scheint, sondern es sich auch zunehmender Beliebtheit erfreut. Allein die Zahl der Astro- und Lebensberatungshotlines, auf denen sich die Kartenleger, Astrologen und hellseherisch veranlagte Medien tummeln, zeugt von einer stetig wachsenden Faszination und Sehnsucht des heutigen Menschen: Die Faszination für das Unerklärliche, Unfassbare, Außergewöhnliche und die Sehnsucht vor allem nach Antworten. Antworten auf die wichtigsten Fragen des Lebens wie, „Woher kommen wir?“, „Gibt es ein Leben nach dem Tod?“, „Was ist der Sinn des Lebens?“. All diese Fragen wurden in der sehr wissenschaftlich-rational geprägten Gesellschaft der letzten Jahrzehnte viel zu stark unterdrückt. Doch auch persönlichere Fragen und Belange des Alltags werden vom heutigen Menschen immer öfter auf einer nicht materiellen, spirituellen Ebene gesucht. Es scheint beinahe, als würde die greif- und sichtbare, die physische Welt, die einer wissenschaftlichen Überprüfung standhalten kann, dem Menschen von heute nicht mehr genügen.

Auch die Fernsehunterhaltung der letzten Jahre hat sich an diese „neue Sehnsucht" des Menschen angepasst. So gibt es nicht nur zahlreiche Geisterjäger-Teams, die im Vorabendprogramm ihr Unwesen treiben, sondern auch immer mehr Dokumentationen, die sich mit Themen wie Geistererscheinungen, Nahtoderfahrungen und anderen, unerklärlichen Phänomenen befassen. Auf YouTube gibt es inzwischen ebenfalls unendlich viele Kanäle, die sich mit diesen Themen beschäftigen. Doch zeichnet sich durch diese Entwicklung tatsächlich etwas Neues ab oder wird hier möglicherweise nur etwas immer sichtbarer, was schon immer da war? Ist nicht letztendlich die Offenheit der Gesellschaft für diese Themen und Fragen einfach nur gestiegen, und zwar, weil es sich hierbei um einen wesentlichen Bestandteil unserer Menschlichkeit handelt? Das Übernatürliche und die Empfänglichkeit dafür waren schon immer Teil des menschlichen Lebens. Seit der Antike gab es Menschen, die über hellseherische Fähigkeiten verfügten, andere mit den Kräften ihres Geistes heilten oder mit den Verstorbenen reden konnten. Das Einzige, was sich im Laufe der Zeit immer wieder veränderte, war der Umgang der Gesellschaft mit diesen Menschen. Waren sie in der einen Epoche hoch angesehene Mitglieder der Gesellschaft, wurden sie in der nächsten verteufelt und verfolgt.

Übernatürliche Fähigkeiten des Menschen ziehen sich wie ein roter Faden durch die Geschichte und damals wie heute gab und gibt es unzählige Menschen, die über bestimmte Fähigkeiten verfügen, die dem Übernatürlichen zuzuordnen sind. Doch sind viele dieser Menschen ohne Führung aufgewachsen, ohne Anleitung, wie sie ihre Fähigkeiten kontrollieren, einsetzen und überhaupt verstehen können. Wer nicht das Glück hat, in eine Familie geboren zu sein, die diese Fähigkeiten seit Generationen kultiviert, weiß meist nicht einmal, dass er bestimmte Talente hat. Stattdessen bemerken diese Menschen nur eines: Dass sie vollkommen anders zu sein scheinen als die anderen Menschen, von denen sie umgeben sind. Da diese Menschen nicht verstehen, was sie so anders macht, warum sie viele Dinge anders wahrnehmen und empfinden, entsteht Scham und die Betroffenen neigen dazu, sich zu verstecken. Was ursprünglich eine Gabe war, wird so schnell zum Fluch, einzig durch Unwissenheit und die Ignoranz der Mitmenschen. Das vorliegende Buch richtet sich vor allem an diese Menschen, die schon immer das Gefühl hatten, anders zu sein, doch nie wussten, wie sie diese Andersartigkeit ergründen und verstehen sollten.

Darüber hinaus soll diese Lektüre dazu dienen, allen Suchenden die Welt des Unerklärlichen auf eine Art zu offenbaren, die sie verstehbar macht. Jeder Mensch verfügt zumindest über grundlegende Fähigkeiten, seine Sinne auf die Welt des Unsichtbaren oder Übernatürlichen auszurichten. Diese Fähigkeiten lassen sich gezielt schulen und können von unschätzbarem Wert sein. Sie können helfen, den eigenen Weg klarer zu erkennen und gezielter zu gehen, Antworten zu finden, die auf normalem Wege nicht gefunden werden können, den Kontakt zu anderen Ebenen herzustellen, zu heilen und vor allem eines: die Welt ein ganzes Stück größer, spannender und interessanter werden zu lassen! Deshalb lass dich von mir mitnehmen auf eine einzigartige Reise, eine Reise, die dich in andere Dimensionen führt und dir die Augen öffnet für all das, was du imstande bist, zu tun – ohne es bisher geahnt zu haben.

Medialität, Veranlagung oder Entscheidung?

Wir wollen uns in diesem Buch vorwiegend mit dem Thema Medialität beschäftigen, dafür sollten wir zunächst diesen Begriff etwas genauer definieren. Bei dem Wort Medialität handelt es sich um eine Ableitung des lateinischen Begriffs *Medium*, der die Mitte oder den Mittelpunkt von etwas bezeichnet. In heutigen Sprachen findet dieser Begriff vielerlei Anwendung, so kann er die Mitte von etwas bezeichnen, wie zum Beispiel beim Kochen die Mitte zwischen roh und vollständig gar. Genauso wird Medium auch verwendet, um ein Mittel zu beschreiben, welches dazu dient, etwas Bestimmtes zu erreichen.

Die Medialität, von der wir hier sprechen, ist im Grunde ein bisschen von beidem. Sie ist ein Mittel zum Zweck, in diesem Fall zur Kommunikation oder zur Wahrnehmung, gleichzeitig kann man ein Medium auch als eine Person betrachten, die in der Mitte steht, zum Beispiel in der Mitte zwischen den Lebenden und den Toten, wo sie als Mittel zur Verständigung zwischen diesen beiden Welten dient. Damit könnte man Medialität als eine Fähigkeit beschreiben, die es der betreffenden Person ermöglicht, sich selbst zu öffnen für Formen der Wahrnehmung, die scheinbar über die normale menschliche

Wahrnehmungsfähigkeit hinausgehen. Scheinbar sage ich deshalb, weil ich der Auffassung bin, dass diese Fähigkeiten grundsätzlich in allen Menschen vorhanden sind. In den meisten Fällen befinden sie sich lediglich in einer Art „Schlaf", man könnte sie auch mit einem nicht geförderten und deshalb ungenutzten Potential vergleichen. Bei Kindern bis zu einem bestimmten Alter ist dieses Potential meist noch aktiv, die meisten Kinder sind in der Lage, Geister und andere Wesenheiten wahrzunehmen. Dieses Potential scheint jedoch mit dem Älterwerden meist wieder zu verschwinden und warum dies so ist, werden wir noch ausführlich beleuchten. Vorerst genügt es, zu sagen, dass ich der Ansicht bin, dass es sich beim scheinbaren Nichtvorhandensein medialer Fähigkeiten in einem Menschen nicht um den Normalzustand handelt, sondern vielmehr um einen konditionierten, antrainierten Zustand.

Die gute Nachricht lautet also: Jeder Mensch verfügt über das Grundpotential medialer Fähigkeiten, auch DU! Dieses Potential kann jederzeit geweckt, trainiert und gefördert werden, lediglich die mögliche Ausprägung, die diese Fähigkeiten in einem Menschen annehmen, variiert dabei. Bei dieser Ausprägung handelt es sich vor allem darum, mit welchen Sinnen ein Mensch seine übersinnliche Wahrnehmung verknüpft, und das ist sehr individuell. Der Begriff Hellsicht ist dir sicher hinreichend bekannt, doch wie steht es mit Hellhörigkeit oder gar anderen Formen der außersinnlichen Wahrnehmung? Jeder menschliche Sinn ist ein Wahrnehmungskanal und jeder dieser Sinne kann auf die Wahrnehmung von Reizen erweitert werden, die nicht der physischen Welt entstammen. Ob ein Mensch mit seinen Augen oder Ohren, dem Geruchs- oder Tastsinn diese anderen Welten wahrnimmt, scheint vor allem eine Form der persönlichen Veranlagung oder Begabung zu sein, jedoch lassen sich alle Sinne in gewissen Grenzen auch gezielt dafür trainieren, über die persönliche Begabung hinaus.

Wie du deine persönlichen Fähigkeiten und Veranlagungen entdecken und gezielt fördern kannst, wird deshalb den Hauptteil dieses Buches bestimmen. Gleichzeitig werde ich dir aufzeigen, was du mit deinen neuen Fähigkeiten anfangen kannst, welche Gesetzmäßigkeiten und Grenzen es dabei zu beachten gibt und wie unendlich die Vielfalt der anderen Welten oder Dimensionen ist, die es zu entdecken und zu erforschen gibt. Die Nutzung dieses

Potentials zum Wohle der Gesellschaft steht dabei natürlich im Mittelpunkt, so wirst du ebenfalls lernen, wie du anderen mit deinen individuellen Fähigkeiten helfen kannst. Die Kultivierung deiner Medialität bringt eine große Verantwortung mit sich, nicht nur für die Welt, sondern vor allem auch für dich selbst. Denn um deine Fähigkeiten zu entwickeln, musst du dich selbst entwickeln und dich einem ständigen Wachstum deiner Persönlichkeit verschreiben. Dieser Weg hat im Grunde kein Ende, denn das Potential für Wachstum ist unendlich. Die Techniken und Werkzeuge, die ich dir in diesem Buch zur Verfügung stelle, werden somit im Laufe deines Lebens ständig erweitert und ergänzt, im besten Falle von dir selbst. Deshalb solltest du die vor dir liegende Lektüre als Anleitung zum stetigen Wachstum begreifen. Einem Wachstum mit dem Ziel, der Welt im Rahmen deines persönlichen Lebens auf die bestmögliche Art zu dienen. Dies kann im Kleinen geschehen wie im Großen, du musst kein berühmtes Medium werden und weltverändernde Botschaften aus anderen Dimensionen channeln, um der Welt zu dienen. Damit kommen wir dann einem weiteren, wichtigen Inhalt dieses Buches näher: dem Channeling. Darunter versteht man das Empfangen von Botschaften, sei es von Wesenheiten aus anderen Dimensionen, anderen Menschen, Tieren, Pflanzen und allem, was existiert, jedoch auf einer rein geistigen Ebene. Es handelt sich hier um eine bestimmte Technik der Medialität, mit der wir uns ebenfalls ausführlich beschäftigen werden.

Du kannst dieses Buch als eine vollwertige Ausbildung zum Medium betrachten, die du für dich allein im Selbststudium durchführen kannst. Es erwarten dich zahlreiche, ausführliche Anleitungen und Erklärungen, mit denen du alle wichtigen Techniken der Medialität erlernen kannst. Der Vorteil an diesem Selbststudium ist, dass du es frei nach deinen individuellen Bedürfnissen gestalten und dir dafür so viel Zeit nehmen kannst, wie du eben benötigst. Ganz anders, als würdest du eine geführte Ausbildung zum Medium machen, für die du nicht nur reisen und eine Menge Geld investieren müsstest, sondern auch nur einen eng gesteckten Zeitplan zur Verfügung hättest. Zudem vermittelt dieses Buch dir nicht nur die notwendigen Techniken, die du beherrschen musst, sondern auch eine Menge an grundlegendem Wissen um den Bereich der Medialität. Im Anschluss an deine autodidaktische Ausbildung wirst du nicht nur in der Lage sein, dein Leben bewusster und ganzheitlicher zu gestalten, indem du deine medialen Fähigkeiten zu deinem Wohle und dem deiner Familie und Freunde einsetzt. Wenn es dein Ziel ist, wirst du danach auch professionell medial arbeiten können. Die Grenzen bestimmst du allein!

Ich hoffe, ich konnte dich inzwischen neugierig darauf machen, herauszufinden, welche Fähigkeiten in dir schlummern, und lade dich ein, diese gemeinsam mit mir zu entdecken, aufzuwecken und zu schulen.

Medialität in allen Facetten

EIN BLICK IN DIE GESCHICHTE

Die Geschichte medialer Fähigkeiten ist im Grunde so alt wie die Menschheit selbst und natürlich eng verknüpft mit allem, was wir heute als übernatürlich bezeichnen. Bereits für die ersten menschlichen Hochkulturen, also die Sumerer, Akkadier und Babylonier, gehörten diese Fähigkeiten zum Alltag und sie waren fest in die Gesellschaft integriert. Dabei handelte es sich bei diesen Kulturen keineswegs um das, was wir heute als „primitiv" bezeichnen würden. Sie verfügten über ein Banken-, ein Rechts- und ein medizinisches System und es gab Kanalisationen und Schulen. Diese ersten menschlichen Kulturen unterschieden sich lediglich in zwei Aspekten von der unseren: Es gab noch keine Technologie und der Glaube war ein weit wichtigerer und vor allem ernst genommener Bestandteil des Lebens. So gab es in diesen Kulturen den Priesterstand, der dafür bestimmt war, mit den Göttern zu kommunizieren und so zu erfahren, was diese sich von den Menschen wünschten.

Doch nicht nur die Priester kommunizierten mit Wesenheiten aus anderen Dimensionen. Jeder Bürger in diesen Kulturen hatte zu Hause seinen eigenen Altar für seine persönlichen „Dämonen", so wurden die persönlichen

Schutzgeister bezeichnet, und es gab unzählige davon. Diesen Dämonen wurden Opfer in Form von Speisen und Getränken gebracht und sie wurden zu sämtlichen Belangen des täglichen Lebens um Rat befragt. Die Antwort erhielten die „normalen" Bürger meist durch ihre Träume oder entsprechende Zeichen, die gedeutet wurden. Neben den Priestern gab es auch noch Seher, die vom gemeinen Volk herangezogen wurden, sollte es Probleme bei der Kommunikation mit den persönlichen Dämonen geben. Der Glaube an andere Dimensionen, Götter und Geister sowie die Möglichkeit der Kommunikation mit ihnen war damals schon etwas vollkommen Natürliches. Priester und Seher gehörten zu den angesehensten Mitgliedern der Gesellschaft, denen es an nichts mangelte.

Ähnlich lief es im alten Ägypten, wo gleichermaßen unzählige Gottheiten verehrt wurden. Jede Gottheit hatte ihre eigenen Priester oder Priesterinnen, diese wurden bereits bei ihrer Geburt für diese Aufgabe ausgewählt und von Kindheit an darauf vorbereitet sowie speziell ausgebildet. Sie lebten, aßen, schliefen und dienten in den jeweiligen Tempeln und führten so ein Leben, welches voll und ganz ihrer jeweiligen Gottheit geweiht war. Sie erfüllten die wichtigste Aufgabe im Staat: Nicht nur den Willen der Götter zu erfahren und den Menschen mitzuteilen, sondern auch, den Göttern zu dienen und für ihre Zufriedenheit zu sorgen. Auch die Mediziner im alten Ägypten führten eine besonders tiefe Beziehung zu bestimmten Gottheiten und Geistwesen, mit deren Hilfe sie Krankheiten behandelten und heilten und von denen sie Informationen über heilende Pflanzen, Kräuter und andere Extrakte erhielten. Auch hier gehörten die Priester zu den angesehensten Mitgliedern der Gesellschaft, die in der Hierarchie direkt unter den Pharaonen standen. Die Pharaonen selbst galten als gottgleich, hatten also den Status eines Gottes inne und galten als die Stellvertreter des höchsten Gottes.

Die damaligen Seher, Priester und Propheten waren im Grunde nichts anderes als antike Channel-Medien. Ihre Aufgabe war es, den Willen der Götter und ihre Botschaften an die Menschen zu überbringen. Die Ämter, die sie ausfüllten, waren so alltäglich wie das Amt eines Richters oder Arztes und sie waren in keiner der alten Hochkulturen wegzudenken. Doch auch außerhalb dieser Hochkulturen spielten Glaube und Medialität eine bedeutende Rolle, denn die alten Naturvölker verfügten über ganz ähnliche gesellschaftliche Strukturen, auch wenn ihre sonstige Gesellschaft nicht so weit entwickelt gewesen sein mag. Hier waren es die Schamanen, denen die überlebenswichtige Rolle zukam, mit den Göttern und den Geistern der Ahnen zu kommunizieren. Von ihnen erhielten sie ihr Wissen über Heilkunde, Führung in sämtlichen Problemlagen und sogar Antworten auf Fragen des alltäglichen Lebens. Der Schamane hatte eine Art Ehrenrang innerhalb seiner Sippe, jedes Mitglied der Gemeinschaft war ihm verpflichtet und hatte dafür zu sorgen, dass es ihm an nichts mangelte.

Nun könnte man sich fragen, wie es möglich ist, dass der Zugang zu anderen Welten durch mediale Fähigkeiten, der jahrtausendelang von sämtlichen Kulturen so hochgeschätzt und als besonders wertvoll eingestuft wurde, heutzutage ein beinahe verpöntes Thema geworden ist. Auch wenn es selbst in unserer Zeit immer eine Frage der Kultur ist, wie mit dieser Thematik umgegangen wird – und damit befassen wir uns im nächsten Kapitel noch eingehender –, haben Medien besonders in der westlichen Welt ganz sicher keine angesehene Funktion mehr. Diese Tatsache verdanken wir überraschenderweise jedoch weit weniger der zunehmenden Rationalisierung unseres Denkens, die mit der wissenschaftlichen Forschung einhergeht, sondern weit mehr den zwei Weltreligionen: Dem Christentum und dem Islam. Auch wenn zu Zeiten der frühen Entstehung dieser Religionen Medialität noch einen hohen und wichtigen Stellenwert hatte, hat sich dies jedoch mit der Zeit drastisch verändert.

Je größer die Glaubensgemeinden wurden und je mehr sich die Anhängerschaft über die Welt ausbreitete, desto mehr ging es vor allem darum, ein Machtgefüge aufzubauen. Ein solches Machtgefüge setzt jedoch voraus, dass nur wenige Auserwählte die Fähigkeit besitzen, Gottes Willen zu erfahren und zu verkünden. So konnte man sicherstellen, dass nicht zu viele Propheten und Seher die Inhalte ihrer Visionen unters Volk brachten, die dann möglicherweise dem widersprochen hätten, was man dem Volk glauben machen wollte. Aus diesem Grund wurden mediale Fähigkeiten vom Christentum und dem Islam mehr und mehr verteufelt, bis diese Verteufelung schließlich in der

Hexenverfolgung des Mittelalters ihren Höhepunkt fand. Durch die systematische Verfolgung und Auslöschung aller Menschen, die einen Zugang zu anderen Sphären hatten, wurde auch eine Unmenge von altem Wissen ausgelöscht und in der Bevölkerung entstand so gleichzeitig eine Angst vor dem Übernatürlichen, die sich bis heute noch in vielen Menschen finden lässt. So kam es dazu, dass es besonders innerhalb der christlich und islamisch geprägten Kulturen, die gleichzeitig auch die westlichen Kulturen sind, scheinbar keinen Platz mehr gibt für das Übernatürliche und Fähigkeiten, die damit in Zusammenhang stehen.

DURCH DIE BRILLE VON KULTUR UND GLAUBE: MEDIALITÄT VS. NORMALITÄT

Die Existenz medialer Fähigkeiten wird in den westlichen Kulturen heutzutage weitgehend geleugnet und ignoriert. Wer über solche Fähigkeiten verfügt, hat es dadurch nicht gerade leicht, sich diese überhaupt einzugestehen, geschweige denn zu lernen, diese zu kontrollieren. Man muss sehr vorsichtig damit sein, mit wem man über solche Dinge spricht, denn die Gefahr ist groß, als verrückt abgestempelt und nicht mehr ernst genommen zu werden. Wer von der Norm abweicht, findet sich schnell allein wieder. Vielleicht geht es dir ja genau so, du verfügst über mediale Fähigkeiten oder hast das Gefühl, eine Veranlagung dafür zu haben, wagst es aber aus Scham nicht, mit irgendwem darüber zu sprechen. Doch hast du schon einmal darüber nachgedacht, was es mit dem Normalsein eigentlich auf sich hat? Die sogenannte Norm bezeichnet schließlich nichts weiter als das Alltägliche, das Bekannte, etwas, womit die allermeisten Menschen sich identifizieren können. Doch ist diese Norm nicht überall gleich, sondern stark geprägt von Kulturen und Glaubensvorstellungen.

Da Medialität dem Zweck dient, sich für andere Daseinsebenen zu öffnen und mit diesen in Kontakt zu treten, liegt es auf der Hand, dass die mediale Veranlagung eines Individuums zutiefst geprägt wird durch seinen Glauben. Es gibt Kulturen, in denen mediale Fähigkeiten zum Alltag gehören und sogar besonders geschätzt und gefördert werden. Das gilt besonders für die afrikanischen Länder, in denen eine sehr lebendige Spiritualität gelebt wird, aber auch in Indien werden Menschen mit medialer Veranlagung früh erkannt und gefördert. In der westlichen Welt werden diese Kulturen dann als besonders abergläubisch oder sogar primitiv angesehen, denn in dieser Hinsicht ist der Westen leider ein wenig intolerant.

Doch auch in unserer wissenschaftlich denkenden Kultur gibt es zahlreiche Menschengruppen, in denen Spiritualität und Medialität einen hohen Stellenwert einnehmen. So hat zum Beispiel der Buddhismus im Westen eine große Anhängerschaft gewinnen können in den letzten zehn Jahren, die alten Naturreligionen leben ebenfalls wieder auf und besonders der Paganismus und der Wicca-Glaube erfreuen sich zunehmender Aufmerksamkeit und Beliebtheit. Spiritualität in den unterschiedlichsten Ausprägungsformen wird für viele Menschen immer wichtiger und vor allem dank des Internets können sich diese Menschen finden und in Interessens- oder Glaubensgemeinschaften zusammenschließen. Für diese Gruppen gehören mediale Fähigkeiten durchaus zur Norm. Im Grunde sind sogar die meisten westlichen Länder mehr oder weniger offen für paranormale Phänomene und mediale Fähigkeiten, in England geht dies so weit, dass man sagen könnte, jedes Dixi-Klo hat dort seinen eigenen Geist. Sowohl dort als auch in den USA ist es vollkommen normal, Spukerscheinungen zu erleben und sich bei Problemen in dieser Richtung sogar an die Polizei zu wenden. Die Polizei in diesen Ländern arbeitet sogar hin und wieder offiziell mit Medien zusammen, wenn sie in ihren Ermittlungen nicht weiterkommt.

Auch auf dem afrikanischen Kontinent, in Südamerika, Indien und Skandinavien herrscht mehr oder weniger starke Offenheit gegenüber dem „nicht Alltäglichen“, weil es in diesen Ländern eben doch zum Alltag gehört. Besonders in den afrikanischen Ländern werden zum Beispiel Träume sehr ernst genommen und entsprechend gedeutet. In Indien würde niemand, der sich eine Weile zurückzieht, um sich mit den Göttern zu verbinden, auch nur komisch angesehen werden, immerhin herrscht hier eine vollkommen andere Mentalität. Das sollte dir eines deutlich aufzeigen: Normalität wird bestimmt durch die Mentalität einer bestimmten Gruppe. Auch wenn du innerhalb deiner eigenen Gruppe als nicht normal eingestuft werden könntest, wärst du in einer anderen Gruppe möglicherweise so normal, dass es schon an langweilig grenzt. Im Grunde sind die deutschsprachigen Länder auf diesem Gebiet diejenigen, die diesen Themen am wenigsten Offenheit und die meiste Skepsis oder sogar Ignoranz entgegenbringen.

Das bedeutet jedoch nicht, dass du auswandern musst, um Menschen zu finden, die dich auf deinem spirituellen Weg weiterbringen können. Wie bereits gesagt, existieren auch in unserem Sprachraum eine Menge verschiedenster Interessens- und Glaubensgruppen, die andere Wege gehen und über eine offenere Haltung verfügen. Dank der Globalisierung existieren strikte kulturelle Grenzen ohnehin kaum noch, jedes Land verfügt heutzutage über zahlreiche Einwohner der verschiedensten Kulturkreise. Diese Tatsache allein trägt bereits seit Jahrzehnten dazu bei, die Grenzen der Normalität immer mehr aufzuweichen und den größten Dienst in dieser Richtung hat uns wohl das Internet erwiesen. Auch wenn du in einem kleinen Dorf mitten im Nirgendwo lebst und niemand dort mit deiner Medialität etwas anfangen oder umgehen kann, musst du damit nicht allein bleiben. Das nächste Forum oder die nächste FB-Gruppe sind schließlich nur einen Klick entfernt.

Paganismus und Wicca-Tradition:

Beim Paganismus und der Wicca-Tradition oder dem Wicca-Glauben handelt es sich um zwei eng verwandte Glaubensrichtungen. Paganismus ist eine andere Bezeichnung für das Heidentum, einer Naturreligion, bei der vor allem die Natur selbst, aber auch eine Vielzahl an unterschiedlichen Göttern verehrt werden. Heiden halten an sehr alten Traditionen fest, sie feiern heute noch die alten Festtage, aus denen die christlichen Feiertage hervorgegangen sind, und begehen diese auf traditionelle Weise mit Ritualen und Opfergaben. Außerdem verehren sie ihre Ahnen und arbeiten medial stark mit diesen zusammen, Gleiches gilt auch für Naturgeister.

Wenn Heiden zudem auch magisch arbeiten, verstehen sie sich oftmals als Hexen – wobei der Begriff Hexe hier geschlechtsneutral zu verstehen ist. In diesem Fall gehören sie dann sowohl dem Paganismus als auch dem Wicca-Glauben an, denn Wicca sind nichts anderes als Hexen. Innerhalb der Wicca-Tradition wird noch einmal unterschieden zwischen einer Vielzahl an unterschiedlichen Ausrichtungen. So verschreiben sich einige Hexen voll und ganz der Pflanzenkunde, andere sehen sich als traditionelle Heiler und manche betreiben verschiedenste Arten der Magie, aus den verschiedensten Gründen und mit stark unterschiedlichen Absichten. Die meisten der Wicca-Anhänger betreiben jedoch rein weiße Magie und sind somit sehr friedliche Zeitgenossen.

Wer dem Wicca-Glauben angehört, hat als zugrunde liegenden Glauben immer den Paganismus, jedoch muss nicht zwangsläufig jeder Heide, der magisch arbeitet, sich selbst als Wicca verstehen. Hier tut sich eine ganz eigene, faszinierende Welt auf, in der auch viel medial gearbeitet wird, weshalb ich dir dringend anrate, dich mit Hilfe entsprechender Lektüre oder von Videos im Netz eingehender mit dieser Thematik zu befassen.

WARUM MEDIALE VERANLAGUNG HEUTE DIE AUSNAHME ZU SEIN SCHEINT

Bevor wir uns dem eigentlichen praktischen Teil dieses Buches zuwenden, möchte ich mich zunächst der Klärung einer Frage zuwenden, die ich in der Einleitung bereits aufgeworfen habe: Wenn jeder Mensch grundsätzlich über mediale Anlagen verfügt, warum können dann nur so wenige Menschen diese auch nutzen? Warum entwickeln wir dann nicht alle diese Fähigkeiten von Kindheit an, so, wie wir auch sprechen und laufen lernen? Der Grund hierfür findet sich in zwei Komponenten:

1. Der Prozess der Wahrnehmung in Kombination mit dem sozialen Umfeld: Unser Gehirn ist dauerhaft einer unendlichen Informationsflut ausgesetzt, die durch die verschiedenen Sinne auf uns einströmt. Es wäre unmöglich, all diese Informationen bewusst zu verarbeiten, weshalb das Gehirn entscheiden muss, welche Informationen für uns relevant sind und welche nicht. Lernen wir durch Erfahrung immer wieder, dass eine bestimmte Information für uns nicht von Bedeutung ist oder von unserem Umfeld als falsch eingestuft wird, lernt das Gehirn relativ schnell, diese Art von Information als unerwünscht oder nicht wichtig einzustufen, wodurch diese in Zukunft aus der bewussten Wahrnehmung herausgefiltert wird.

2. Die Erziehung geprägt durch soziale Werte, Normen und Glaubenssätze: Das Umfeld, in dem wir leben, bestimmt zu einem hohen Prozentsatz auch, wie wir als Menschen denken, die Welt beurteilen und empfinden, was wir glauben und was wir für Unsinn halten. In der wissenschaftlich orientierten Denkweise unserer Gesellschaft gibt es jedoch keinen Platz für Dinge, die sich nicht erklären lassen und deren Existenz wissenschaftlich nicht nachgewiesen werden kann. Dadurch entsteht ein sozialer Druck, denn der Mensch passt sich, wie alle Lebewesen, instinktiv so gut wie möglich an seine Umgebung an. Wer in der ihn umgebenden Gesellschaft funktionieren will, hat die besten Chancen dafür, wenn er so sieht, denkt und fühlt, wie die Menschen um ihn herum. Dabei ist das direkte soziale Umfeld – also Familie und

Freunde – für diese Anpassung der prägendste Faktor und in seiner Bedeutung weit höher einzustufen als das restliche soziale Gefüge. Aus diesem Grund werden Kinder in Familien, die eine offenere Einstellung zum Unerklärlichen pflegen, nicht in der Entwicklung ihrer medialen Fähigkeiten unterdrückt, während Kinder aus sehr rationalen, gesellschaftskonformen Familien nur wenig Chancen haben, diese Fähigkeiten zu entwickeln.

Fassen wir dies einmal zusammen: Medialität ist die Fähigkeit, Dinge wahrzunehmen, die über die „normale“ menschliche Wahrnehmung hinausgehen. Normal ist dabei jedoch nicht zu verwechseln mit natürlich, denn es ist nicht der natürliche Seinszustand eines Menschen, über keinerlei erweiterte Wahrnehmungsfähigkeit zu verfügen. Die Natur hat uns die Veranlagung dafür in die Wiege gelegt, wir haben lediglich entschieden, diese Anlagen nicht zu nutzen.

Doch auch wenn Menschen in einem Umfeld aufwachsen, das gegenüber unerklärlichen Phänomenen nicht aufgeschlossen ist, besteht die Möglichkeit, dass diese ihre medialen Fähigkeiten verstärkt ausbauen. Hierbei handelt es sich um die weit größte Menschengruppe mit medialer Begabung, die sich aufgrund besonderer Umstände entwickelt. Möglicherweise hast du auch schon davon gehört oder gelesen, dass Menschen mit medialer Veranlagung meist Menschen sind, die mit vielfältigen Problemen in ihrem Leben zu kämpfen haben. Diese Tatsache wird gerne als schicksalhafte Fügung gedeutet, welche die betreffende Person gewissermaßen zwingt, ihre medialen Fähigkeiten zu entdecken und zu kultivieren. Da es sich sehr häufig um Menschen handelt, die traumatische Erfahrungen in ihrem Leben und besonders in der Kindheit gemacht haben, scheint diese Interpretation für viele eine Art Trost zu sein. Denn so scheint hinter all dem Leid, durch das diese Menschen gehen mussten, zumindest ein tieferer Sinn zu stecken.

Leider verstärkt diese Perspektive jedoch das Gefühl, dem Leben ausgeliefert zu sein, nur noch umso mehr. Wer das Leben oder Schicksal als eine Kraft betrachtet, die einen Menschen durch großes Leid zwingt, nur, damit dieser sich einem bestimmten Aspekt seines Lebens zuwendet, kann sich nur ohnmächtig fühlen. Ohnmächtig und dem Schicksal ausgeliefert, dies führt jedoch zu einem unbewussten, inneren Widerstand und häufig zu dem übergroßen Wunsch, einfach nur ein „normales Leben“ führen zu können. Auf diese Art entsteht ein innerer Konflikt, der einer bewussten Kultivierung medialer Fähigkeiten direkt im Wege steht und zu zahlreichen Blockaden führt. Wenn du also deine eigenen medialen Fähigkeiten bewusst entdecken und schulen möchtest und du dabei zu dieser besonderen Menschengruppe gehörst, schlage ich vor, eine andere Betrachtungsweise einzunehmen – eine Betrachtungsweise, die dir das Gefühl gibt, selbst das Steuer in der Hand zu haben.

Mein diesbezüglicher Eindruck ist, dass Menschen, die schon in jungen Jahren unter traumatisierenden Bedingungen leben müssen – dazu gehört jegliche Form von Missbrauch, emotional, sexuell oder körperliche Gewalt –, gewissermaßen aus der Notwendigkeit heraus so etwas wie einen sechsten Sinn entwickeln. Sie schulen und schärfen unbewusst ihre Wahrnehmung, da es für ihr Überleben unerlässlich ist, die Stimmungen der Menschen, von denen sie als Kinder abhängig sind, so gut es geht vorauszuahnen. Deshalb kann man, meiner Ansicht nach, die Entwicklung medialer Fähigkeiten unter bestimmten Umständen eher als Überlebensmechanismus und eine Form der gesteigerten Anpassungsfähigkeit betrachten, wodurch Betroffene vom Opfer zum Überlebenskünstler werden. Durch diese Veränderung der Perspektive fühlt sich der Mensch seinem oft grausamen Schicksal nicht mehr ausgeliefert, sondern, im Gegenteil, befähigt, mit allem, was ihm im Leben begegnet, auf die bestmögliche Art umgehen zu können. Medialität ist ein „über sich selbst hinauswachsen“, häufig eine Antwort auf erschwerte Umstände und damit weder ein Fluch noch ein Segen. Es handelt sich nicht um eine besondere Gabe, die wir entweder erhalten oder nicht, sondern es liegt immer in uns selbst, diese Veranlagung zu entwickeln.

HOCHSENSIBILITÄT UND MEDIALITÄT

Die wohl größte Menschengruppe, die in unserer westlichen Gesellschaft mediale Fähigkeiten ausbildet, fällt in die Kategorie, die ich im vorigen Kapitel angesprochen habe. Vom medizinischen Standpunkt aus werden diese Menschen auch als HSPs bezeichnet – Hochsensible Persönlichkeiten. Die medizinische Forschung geht hierbei von einer angeborenen Veranlagung aus, die sich unter bestimmten, noch nicht näher erforschten Umständen entwickeln kann. In vielen Fällen handelt es sich jedoch auch um Menschen, die traumatische Erfahrungen – meist in jungen Jahren – gemacht haben und die in ihrem Leben gegen vielfältige Schwierigkeiten ankämpfen müssen, die daraus entstanden sind. Es gibt zwar keine wissenschaftlichen Studien, die belegen könnten, dass Hochsensibilität aus einer Traumatisierung entstehen kann, diese „These" ist allerdings in den Kreisen der Betroffenen weit verbreitet, da es sich um eine Gemeinsamkeit handelt, die sehr auffällig ist.

Dafür spricht auch die Tatsache, dass die Fähigkeiten, die diese Menschen in sich geschult haben, um den Problemen in ihrem Leben zu begegnen, vor allem ihre Sinne und ihre Wahrnehmung betreffen. Vereinfacht gesagt verfügen solche Menschen über eine intensivere, gesteigerte Wahrnehmung. Sie haben gelernt, weniger Informationen in ihrer Wahrnehmung auszublenden, wodurch sie mögliche Gefahrensituationen früher erkennen und besser analysieren können. Diese Form der gesteigerten Wahrnehmung ist jedoch zum Automatismus geworden, denn wer sich einmal über längere Zeit in einer Situation der permanenten Unsicherheit befindet, hat gar keine andere Wahl, als dauerhaft aufmerksamer zu sein.

Dies führt jedoch zu einer Unzahl an neuen Problemen, denn diese erhöhte, dauerhafte Informationsflut muss auch verarbeitet werden können und der Mensch hat keine unbegrenzten Kapazitäten. So werden Situationen mit vielfältigen Einflüssen sehr schnell zur Herausforderung, die in eine Überforderung führen kann. Hochsensibilität wird als eine filterlose Wahrnehmung betrachtet und wäre somit genau das, was ein Mensch braucht, um seine medialen Veranlagungen überhaupt nutzen und schulen zu können. Die

HSP ist nichts anderes als die medizinische Betrachtungsweise der beginnenden Ausbildung medialer Fähigkeiten. Im unbewussten und somit unkontrollierten Zustand führt dies zu einer dauerhaften Überlastung der betroffenen Person, weshalb hier, wie in der Medizin üblich, eher das Symptom als das ursächliche Problem thematisiert wird. Die Symptome einer HSP werden wir uns nun einmal genauer anschauen, denn so wird klar werden, dass HSPs nichts anderes sind als Menschen, die ihre medialen Fähigkeiten mehr oder weniger stark aktiviert haben.

Ein hochsensibler Mensch nimmt dauerhaft alles um ihn herum besonders intensiv wahr. Laute Geräusche, starke Gerüche und zu helles Licht gehören dabei noch zu den Reizen, die am ehesten verarbeitbar sind, jedoch strengen diese allein für sich schon an. Doch als wäre dies nicht genug, fangen Hochsensible auch die Stimmungen und Gefühle der Menschen um sich herum auf, und zwar ebenfalls völlig ungefiltert. Sie sind besonders empathisch und in größeren Gruppen wissen sie häufig nicht einmal, warum sie sich so unwohl, unsicher und überladen fühlen. Oft leiden HSPs in sozialen Situationen unter heftigen Stimmungsumbrüchen oder gar Gefühlsausbrüchen, die sie sich nicht erklären können. Dies geschieht, weil sie die Gefühle der Personen um sich herum wie ihre eigenen wahrnehmen. Wer nicht gelernt hat, die eigenen Gefühle von denen anderer zu unterscheiden oder sich abzuschirmen, ist dem Emotionsstrom von anderen Menschen hilflos ausgeliefert. Somit werden Situationen, bei denen viele Menschen anwesend sind, schnell zum Albtraum. Hochsensible tendieren daher dazu, sich stark zurückzuziehen, sie brauchen und schätzen regelmäßige Isolation, weil sie nur in der absoluten Stille und Einsamkeit in der Lage sind, wieder in ihre Mitte zu finden.

Viele Hochsensible leiden zudem an einer Überempfindlichkeit gegenüber Medikamenten und bestimmten Nahrungsmitteln. Medikamente wirken meist übertrieben stark und die benötigte Dosis muss für diese Menschen erst herabgesetzt und angepasst werden. Nahrungsmittel, die zu den allgemeinen Allergenen gehören, wie zum Beispiel Gluten etc., werden von HSPs in den wenigsten Fällen vertragen, somit müssen diese Personen auch besonders auf ihre Ernährung achten. Doch auch in anderen Bereichen unterscheiden sich

HSPs von „normalen" Menschen, was sich durch ihre besondere Situation ergibt. Die stark konsumorientierte und oberflächliche Lebensweise der westlichen Gesellschaft ist mit diesen Menschen nur in den seltensten Fällen kompatibel, denn sie schätzen ganz andere Werte. Sie finden keine Erfüllung in Fernsehen oder Konsumgütern und suchen diese stattdessen eher in der Natur, in wenigen, aber intimen Beziehungen und Freundschaften, in der Literatur oder in kreativen Tätigkeiten.

Hochsensibilität kann bei allen Gemeinsamkeiten trotzdem relativ individuell ausfallen und sich mit zunehmendem Alter noch intensivieren. Dies möchte ich nun an meinem eigenen Beispiel verdeutlichen und dir so gleichzeitig die Gelegenheit geben, mögliche Gemeinsamkeiten mit der HSP in dir selbst zu entdecken.

Die HSP – oder Medialität – entwickelte sich bei mir sehr früh, bereits im Alter von drei Jahren sah ich meine erste Geistererscheinung. Im Grundschulalter ängstigte ich dann meine Mitschüler, weil ich Raumenergien „lesen konnte". Dies äußerste sich zum Beispiel so, dass ich eine Schulfreundin besuchte, sie mir die Haustür öffnete und ich sofort fühlte, dass ihre Eltern sich kurz zuvor heftig gestritten hatten. Deshalb fragte ich sie, ob ich lieber wieder gehen sollte, weil ihre Eltern doch im Streit wären. Sie reagierte mit Angst, da sie nicht verstehen konnte, woher ich das wusste, und ich konnte es natürlich auch nicht. Für mich war diese erweiterte Wahrnehmung als Kind völlig normal und leider gab es damals niemanden, der mir hätte beibringen können, wie man damit umgeht oder dass es besser ist, meine Wahrnehmung für mich zu behalten. Dementsprechend wurde ich schnell zum Außenseiter.

Im Berufsleben verstärkten sich meine sozialen Probleme, die hauptsächlich durch meine HSP entstanden waren, dann noch weiter. Wenn ich mit mehreren Menschen in einem Raum arbeiten musste, wurde ich schnell unerträglich, hatte mich überhaupt nicht mehr im Griff und galt schnell als die, die immer schlechte Laune hat. So wechselte ich lange Zeit von einem Job in den nächsten, bis ich mich mit Mitte dreißig als Medium, Kartenlegerin und Schamanin selbstständig machte.

Mich vollständig dieser spirituellen Arbeit zu widmen, tat mir und meinen Fähigkeiten sehr gut, so lernte ich endlich, die Gefühle anderer Menschen abzuschirmen, wenn dies notwendig war. Gleichzeitig verstärkte ich meine empathischen und telepathischen Fähigkeiten um ein Vielfaches, doch leider bezahlte ich diese weitere Steigerung meiner Sinnesleistung mit nun auftretenden Medikamenten- und Nahrungsmittelunverträglichkeiten. Zusätzlich entstand plötzlich eine extreme Überempfindlichkeit meines Geruchs- und Hörsinns. Geräusche, die mehrere hundert Meter entfernt sind, hören sich seitdem so an, als wäre ihr Ursprung nur wenige Meter entfernt, und Menschen, die Sprühdeos oder Parfum benutzen, verursachen heftige Migräneschübe, da die Düfte meinen Geruchssinn vollkommen überfordern.

Das Leben als HSP ist eine ständige Herausforderung, doch nicht aus den Gründen, die zunächst offensichtlich erscheinen. HSP ist verbunden mit beständigem Wachstum der Sinnesleistung, der Wahrnehmung und damit auch der Persönlichkeit. Es macht es dir unmöglich, in deiner Entwicklung stehen zu bleiben, denn wenn du dies versuchst, führt das zu einem enormen Leidensdruck. Deine Persönlichkeit ist dein Leben lang durch die Erweiterung deiner Sinne und das Wachstum geformt und angepasst worden, weshalb die Verweigerung desselben sich anfühlt, als würdest du dir selbst die Luft abschneiden. Ich möchte an dieser Stelle aber noch etwas betonen: Nicht jeder HSP weiß überhaupt, dass er einer ist, die Dunkelziffer ist enorm hoch! Hinzu kommt, dass besonders die unbewussten HSPs meist nicht im Traum denken, sie hätten so etwas wie mediale Fähigkeiten. Einige von ihnen mögen zwar Erlebnisse gehabt haben, die darauf hindeuten, jedoch waren sie mit ihrer Form der Wahrnehmung ein Leben lang auf sich gestellt. Sie wissen oft einfach nicht, wozu sie im Grunde fähig wären. Möglicherweise gehörst auch du in diese Menschengruppe und hast das eine oder andere Merkmal bei dir selbst entdeckt. In diesem Fall solltest du unbedingt weiterlesen, damit du lernen kannst, wie du deine Fähigkeiten und dein Potential gezielt schulen und ausbauen kannst.

Selbsttest: Wie stark sind meine medialen Fähigkeiten?

Inzwischen dürfte eines ziemlich deutlich sein: Die Veranlagung zur Medialität liegt in jedem Menschen vor. Ob ein Mensch diese dann jedoch weiter ausbildet, ist eher eine individuelle Angelegenheit und von vielfältigen Faktoren abhängig. Mediale Techniken kann jeder Mensch erlernen und damit auch seine Fähigkeiten vertiefen, ähnlich, wie man einen Muskel trainiert. Doch gerade, wenn du dieses Ziel verfolgst und deine eigenen medialen Fähigkeiten trainieren möchtest, ist es gut, vor Beginn zu wissen, wo du überhaupt stehst.

Aus diesem Grund habe ich für dich einen Persönlichkeitstest kreiert, der dir helfen kann, dich selbst diesbezüglich akkurat einzuschätzen. Bitte beantworte die Fragen so spontan wie möglich, wenn du zu lange darüber nachdenkst, könnte dies sonst das Ergebnis verfälschen.

1. Wie gestaltet sich dein Traumerleben?

a) Ich träume regelmäßig und meine Traumwelt gestaltet sich sehr realistisch und intensiv.

b) Ich träume hin und wieder einmal, kann mich aber meistens nicht daran erinnern.

c) Ich träume so gut wie nie.

2. Wie wichtig ist dir deine Traumwelt bzw. der Prozess des Träumens?

a) Ohne regelmäßige Träume würde mir etwas Wichtiges fehlen und ich freue mich jeden Abend darauf.

b) Träumen ist ganz nett, aber wenn ich nicht träume, finde ich das nicht so schlimm.

c) Meine Träume sind mir egal, ich könnte gut vollständig darauf verzichten.

3. Hattest du schon einmal sogenannte prophetische Träume, also Träume, die später wahr wurden?

a) Ja, ich erlebe dieses Phänomen häufiger, entweder in Phasen oder in mehr oder weniger großen Abständen.

b) Ja, aber nicht häufiger als drei- bis viermal in meinem Leben.

c) Nein, das habe ich noch nie erlebt.

4. Kannst du Stimmungen wahrnehmen, wenn du einen Raum betrittst?

a) Ja, sogar wenn der Raum leer ist, fühle ich immer eine bestimmte Stimmung, die in der Luft liegt.

b) Wenn in einem Raum die Stimmung sehr aufgeladen ist, zum Beispiel durch Streit, kann ich das wahrnehmen.

c) Nein, ich habe keine Ahnung, wie die Frage gemeint ist.

5. Fällt es dir leicht, zu erkennen, was in deinen Mitmenschen vor sich geht?

a) Ja, ich muss eine Person nicht einmal ansehen, um zu wissen, wie es ihr geht.

b) Wenn mir Menschen nahestehen, kann ich ihre Stimmungen leicht lesen, bei Fremden gelingt mir dies jedoch nicht so leicht.

c) Ich erkenne nur offensichtliche Gefühlslagen, zum Beispiel, wenn jemand weint oder schreit.

6. Beeinflussen dich die Gefühle anderer Menschen?

a) Ja, leider sogar gegen meinen Willen. Ich fühle immer mit, in größeren Gruppen bin ich deshalb emotional oft sehr durcheinander.

b) Die Gefühle mir nahestehender Menschen beeinflussen mich stark, gegenüber allen anderen kann ich mich jedoch gut abgrenzen.

c) Es tut mir zwar leid, wenn es anderen nicht gut geht, mein eigenes Empfinden beeinflusst dies jedoch nicht.

7. Nimmst du Gerüche oder Geräusche wahr, die andere Menschen nicht wahrnehmen?

a) Ja, ich erlebe dies sehr häufig.

b) Hin und wieder kommt das vor oder es geschieht phasenweise.

c) Nein, das ist mir noch nie passiert.

8. Hast du schon einmal im Augenwinkel eine Bewegung oder Gestalt gesehen, die nicht mehr da war, als du direkt hingesehen hast?

a) Das passiert mir regelmäßig!

b) Nur, wenn ich nervös oder ängstlich bin, zum Beispiel, wenn ich im Dunkeln allein bin.

c) Nein.

9. Weißt du oft, wer dich gerade anruft, wenn dein Telefon klingelt (ohne aufs Display zu schauen) oder kommt es vor, dass du an jemanden denkst, und diese Person meldet sich kurz darauf bei dir?

a) Das kommt bei mir regelmäßig vor, sogar mit Menschen, die mir nicht nahestehen.

b) Mit nahestehenden Menschen erlebe ich das häufig, mit anderen eher nicht.

c) Nein.

10. Hast du in zwischenmenschlichen Beziehungen oft das Gefühl, eine stärkere Verbindung zum anderen zu haben als umgekehrt?

a) Ja, das empfinde ich immer so.

b) In sehr engen oder partnerschaftlichen Verbindungen geht es mir manchmal so.

c) Nein, ich erlebe meine Beziehungen als ausgeglichen.

11. Hast du in Zeiten erhöhter Belastung oder Anforderungen ein starkes Bedürfnis danach, dich von allem abzuschotten?
a) Ja, wenn zu viel auf einmal geschieht oder ich zu viele Anforderungen auf einmal erfüllen muss, fühle ich mich vollkommen überlastet.
b) Es gibt Phasen, in denen ich es so empfinde, und Phasen, in denen ich mit solchen Situationen gut fertig werde.
c) Nein, ich komme auch mit viel Input und großen Anforderungen problemlos zurecht.

12. Ist einer (oder mehrere) deiner Sinne empfindlicher als normal?
a) Ja, das betrifft bei mir mindestens zwei bis drei Sinne.
b) Ich verfüge lediglich über einen Sinn, der ausgeprägter ist als normal.
c) Nein, all meine Sinne funktionieren durchschnittlich oder schlechter.

13. Bist du schmerzempfindlicher als andere Menschen?
a) Ja, Schmerzen empfinde ich meist als überwältigend und auch mit leichteren Schmerzen leiden meine Konzentrations- und Leistungsfähigkeit.
b) Es gibt Phasen, in denen ich sehr schmerzempfindlich bin, und Phasen, in denen mein Schmerzempfinden sich eher im Normbereich bewegt.
c) Nein, ich bin entweder normal schmerzempfindlich oder sogar sehr schmerzunempfindlich.

14. Brauchst du regelmäßigen Rückzug von Menschen in absoluter Ruhe, um deine innere Balance nicht zu verlieren?
a) Ja, auch in Zeiten, in denen mein Leben ruhig und normal verläuft, muss ich mich regelmäßig zurückziehen, ich genieße diesen Rückzug auch sehr.
b) Nur in Zeiten, in denen viel passiert, habe ich das Bedürfnis nach Rückzug.
c) Nein, ich bin nur sehr ungern allein.

15. Wie kommst du mit Lärm oder lauten Geräuschen klar?
a) Überhaupt nicht gut, beides regt mich sehr auf, macht mich schreckhaft, nervös oder aggressiv. Das gilt auch für Lärm, den andere Menschen als angenehm empfinden, wie zum Beispiel laute Musik auf Feiern.
b) Es gibt Phasen, in denen ich Lärm und laute Geräusche nicht ertragen kann, und Phasen, in denen mir das nichts oder weniger ausmacht.
c) Ich finde Lärm und laute Geräusche zwar manchmal unangenehm, kann aber beides gut aushalten.

16. Bist du ein Freund von Multitasking?

a) Nein, ich verabscheue es, wenn ich verschiedene Dinge gleichzeitig tun soll und kann das auch nicht gut.

b) Ich liebe Multitasking nicht gerade, bin aber in einem gewissen Rahmen dazu fähig, sollte es notwendig sein.

c) Ja, ich liebe Multitasking!

17. Hast du schon einmal einen Geist oder etwas Ähnliches gesehen oder Stimmen gehört, obwohl niemand anwesend war?

a) Ja, das passiert mir regelmäßig.

b) Es gab ein paar solcher Erlebnisse im Laufe meines Lebens, diese sind jedoch eher die Ausnahme.

c) Nein, so etwas habe ich noch nie erlebt.

18. Leidest du manchmal an Weltschmerz, hast du das Gefühl, das gesamte Leid der Welt lastet auf deinen Schultern?

a) Ja, so geht es mir sehr häufig oder andauernd.

b) Wenn es mir selbst nicht gut geht, tendiere ich dazu, sonst nicht.

c) Nein, gar nicht.

19. Hast du das Gefühl, dass die Natur, Musik oder Kunst dich tiefer berühren als andere Menschen oder dass dir solcherlei Eindrücke sogar Kraft geben können?

a) Unbedingt, ich könnte im Anblick eines Kunstwerks oder einer Landschaft stundenlang versinken, Musik macht mir Gänsehaut. Diese Dinge lösen starke Emotionen in mir aus.

b) Wenn ich aus dem Gleichgewicht bin, kann ich meine Kraft aus diesen Dingen ziehen, das Bedürfnis dazu verspüre ich aber auch nur dann.

c) Nein, ich fühle keine besondere Verbindung zu diesen Dingen.

20. Hattest du als Kind einen oder mehrere imaginäre Freunde?

a) Ja, sogar mehrere.

b) Mindestens einen.

c) Nein.

Auswertung:

Zur Auswertung deines Testergebnisses berechnest du dir bitte für jede Antwort A zwei Punkte, jede Antwort B einen Punkt und jede Antwort C null Punkte. Anschließend addierst du alle Punkte und kannst dein Ergebnis hier ablesen:

0-10 Punkte:

Je niedriger deine Punktzahl in diesem Bereich ist, desto mehr befinden sich deine medialen Veranlagungen noch in einer Art „Schlafzustand". Bisher bestand für dich entweder kaum bis gar keine Notwendigkeit, diese Fähigkeiten auszubilden, oder dies wurde von deinem Umfeld unterdrückt. Dies ist jedoch überhaupt kein Grund zur Besorgnis, denn wenn du tatsächlich lernen möchtest, diese Fähigkeiten gezielt nutzen zu können, steht dem trotzdem nichts im Wege. Du wirst nur etwas mehr Zeit, Übung und Geduld investieren müssen als Menschen, deren Grundveranlagung bereits mehr oder weniger stark ausgeprägt ist. Deshalb gib bitte nicht auf, wenn die Übungen im Praxisteil dieses Buches dir schwerfallen oder erst nach mehreren Versuchen zum Erfolg führen.

11-30 Punkte:

Deine Sinne sind in einem oder mehreren Bereichen sehr aktiv und du hast bereits recht feine „Antennen", mit denen du mehr wahrnimmst als andere Menschen. Möglicherweise erlebst du in deinem Leben Phasen, in denen du stark medial veranlagt zu sein scheinst, zusammen mit Phasen, in denen du davon nicht viel spürst. In diesem Fall könnte bei dir sogar eine viel höhere Begabung vorliegen, als das Ergebnis dieses Tests besagt, da die grundsätzliche Veranlagung sehr stark ausgeprägt ist. Eine solche, scheinbar phasenweise Blockierung medialer Fähigkeiten tritt aus ganz bestimmten Gründen auf, nämlich bei besonders sensibel veranlagten Individuen, die zudem einen Willen zur persönlichen Weiterentwicklung mitbringen. Solche Menschen saugen sämtliche Eindrücke und alles Wissen, dessen sie habhaft werden können, förmlich in sich auf. Gleichzeitig arbeiten sie unermüdlich an sich selbst. Das führt dazu, dass das Unterbewusstsein immer wieder dafür sorgt, dass eine Pause eingelegt wird, indem es die medialen Aspekte der Wahrnehmung blockiert. So können neue Erkenntnisse reifen und es kann eine tatsächliche Weiterentwicklung stattfinden, ohne dass Gefahr besteht, sich in der Flut der Informationen und Möglichkeiten zu verzetteln und sich zu überladen. Hinzu kommt noch, dass dieser Menschentypus, dem du offensichtlich angehörst, aufgrund seiner erhöhten Sensibilität besonders anfällig für Störungen ist. Krankheiten und psychische Probleme können somit sehr viel schneller zu Blockaden in der Entwicklung führen als bei weniger sensiblen Individuen. Du musst dir also keine Sorgen machen, wenn es immer wieder Zeiten gibt, in denen du mit deinen medialen Fähigkeiten nicht arbeiten kannst bzw. keinen Zugriff auf sie hast, sondern leidglich deine Arbeitsweise an diese Besonderheit anpassen und mehr Geduld und Einfühlungsvermögen mit dir selbst entwickeln. Auf jeden Fall verfügst du bereits über eine stabile Grundausstattung medialer Fähigkeiten und mit regelmäßigem Training wirst du diese relativ zügig erweitern können. Deshalb werden dir die meisten der im Folgenden vorgestellten Techniken und Meditationen sicher leichtfallen und du wirst bereits zu Beginn gute Ergebnisse erzielen können. Wie weit du deine Fähigkeiten dabei ausbaust, liegt in deiner Hand, Grenzen wirst du dabei, aufgrund deiner erhöhten Sensibilität, jedenfalls so schnell keine erreichen!

31-40 Punkte:

Bei einem solchen Ergebnis kann man kaum noch von medialer Veranlagung sprechen. Du verfügst bereits über solide Fähigkeiten im medialen Bereich und musst nur noch lernen, wie du diese gezielt anwenden und verstärken kannst. Dafür ist dein Leben jedoch auch um einiges komplizierter und belastender als das anderer Menschen. Für dich ist es aus diesem Grund besonders wichtig, dass du lernst, deine Fähigkeiten zu kontrollieren, damit sie nicht weiterhin eine zusätzliche Belastung darstellen. Die praktischen grundlegenden Übungen in diesem Buch werden dir dabei die beste Hilfestellung sein, denn sie versetzen dich in die Lage, kontrolliert mit deinen Fähigkeiten umgehen zu können. Wenn es dann an die Techniken für Fortgeschrittene geht, wird es für dich nicht nur spannend, sondern sicher auch eine augenöffnende Erfahrung. Du wirst nämlich feststellen, zu was du alles fähig bist, ohne bisher davon geahnt zu haben!

Mediale Fähigkeiten erwecken und schulen – Deine Grundausbildung

Nachdem wir nun das Thema Medialität grundlegend besprochen haben, brennst du sicher darauf, zu erfahren, wie du deine eigenen Fähigkeiten entwickeln kannst. Genau darum soll es in diesem Kapitel gehen und ich werde dich Schritt für Schritt anleiten, mit vielen verschiedenen Übungen, Techniken und Meditationen. Zu Beginn solltest du allerdings eine Sache verinnerlichen: Mediale Fähigkeiten zu erlernen unterscheidet sich in nichts darin, irgendwelche anderen Fähigkeiten zu erlernen.

Ob du nun lernen möchtest, Fahrrad zu fahren, Klavier zu spielen oder mediale Fähigkeiten zu entwickeln, du benötigst dazu vor allem viel Übung und Geduld. Und so, wie du zum Beispiel beim Lernen eines Instruments zunächst lernen musst, Noten zu lesen, bevor du mit dem Spielen des eigentlichen Instruments beginnen kannst, musst du auch beim Entwickeln deiner eigenen Fähigkeiten zunächst die Grundlagen erlernen. Du kannst deinen Körper in diesem Fall gut mit einem Instrument vergleichen, denn deine medialen Fähigkeiten beruhen auf deiner Sinnesleistung. Folglich musst du zunächst einmal dein Instrument kennen lernen, um herauszufinden, wie du es spielen kannst.

Du kannst dieses Kapitel als eine Art Grundausbildung betrachten, innerhalb derer du auf die eigentliche Ausbildung zum Medium vorbereitet wirst. Die folgenden Anleitungen dienen deshalb vorrangig dazu, sich mit deiner inneren Welt zu beschäftigen, dich selbst besser kennen zu lernen und zu lernen, deine einzelnen Sinne sowie deine Wahrnehmung besser kontrollieren zu können.

Die einzelnen Kapitel mit verschiedenen Übungen und Techniken bauen dabei aufeinander auf, weshalb du sie bitte unbedingt in der hier vorgegebenen Reihenfolge bearbeiten und nichts überspringen solltest. Am Ende dieses Kapitels steht deine mediale Initiation, diese markiert den Übergang zur eigentlichen, medialen Ausbildung und sollte deshalb auch erst dann durchgeführt werden, wenn du die hier vorgestellten Techniken sauber beherrschst. Damit dir das Lernen leichter fällt, findest du im Anschluss daran noch einen Arbeits- und Zeitplan, dieser nimmt dir die Strukturierung deiner Lerneinheiten ab. Du kannst ihn ausdrucken und aufhängen, so besteht keine Gefahr, dass du zu einseitig übst, dich verzettelst oder deine Übungen vernachlässigst.

AUTHENTIZITÄT UND SELBSTERKUNDUNG

Wenn du vorhast, medial zu arbeiten, dann wird ein großer Teil dieser Arbeit auch darin bestehen, Menschen „lesen“ zu können. Das bedeutet, du musst in der Lage sein, die Gefühle anderer Menschen nicht nur aufzufangen, denn wenn du hochsensibel bist, tust du das ohnehin. Viel wichtiger ist es, diese aufgefangenen Gefühle auch als „fremd“ zu erkennen und darüber hinaus zu verstehen. Diese Fähigkeit wirst du nicht in wenigen Tagen lernen, denn wer andere verstehen möchte, muss zunächst sich selbst verstehen lernen.

Dazu musst du dir antrainieren, dich selbst, dein Innenleben, deine Gedanken und Gefühle jederzeit zu beobachten und zu analysieren. Damit diese Form der Arbeit jedoch auch Früchte tragen kann, ist eines unabdingbar, was gerade zu Beginn sehr unangenehm sein kann: Absolute Ehrlichkeit dir selbst gegenüber.

Du musst also vollkommen authentisch werden. Das bedeutet nicht, dass du jederzeit dein Umfeld alles wissen lassen musst, was in dir vorgeht. Ein solches Verhalten könnte dir in vielen Fällen eher schaden als nutzen. Man muss erst lernen, an welcher Stelle es Sinn macht und gut ist, auch nach außen hin zu hundert Prozent authentisch zu sein, und wo es eher kontraproduktiv wäre.

Dir selbst darfst du jedoch nichts mehr vormachen, egal, wie unangenehm es im Einzelnen zunächst werden kann. Kein Gefühl und kein Gedanke darf von nun an einfach so weggedrückt werden, im Gegenteil. Wenn du den Impuls verspürst, das zu tun, ist dies der sicherste Hinweis, dass es genau hier deine Aufmerksamkeit benötigt! Wenn wir Menschen bestimmte Gefühle oder Gedanken unterdrücken oder wegschieben, hat das immer nur einen Grund: Wir wissen nicht, wie wir damit umgehen sollen oder was wir damit machen können. Meist geht es dabei um Gefühle, von denen wir glauben, dass sie unangemessen wären, sozial oder politisch nicht korrekt. Oder es sind Gedanken, die Eigenschaften von uns zum Ausdruck bringen, mit denen wir im Unfrieden sind. Das Problem, das entsteht, wenn du solche Dinge unterdrückst, ist im Grunde einfach zu verstehen. Sobald dir etwas Ähnliches oder Gleiches im Außen begegnet – sei es nun in anderen Menschen oder später bei deiner medialen Arbeit –, wirst du damit ebenfalls nicht umgehen können und da es zum Automatismus geworden ist, solche Dinge zu unterdrücken, wird dieser Automatismus auch hier greifen.

Dies wird deine mediale Arbeit extrem einschränken und kann sogar dazu führen, dass du mit bestimmten Menschen gar nicht arbeiten kannst, weil du bei ihnen völlig blockiert bist. Die mediale Arbeit wird dich immer mit dir selbst konfrontieren, und zwar besonders mit den Dingen, die dir Probleme bereiten. Die Arbeit als Medium hält dir immer gnadenlos den Spiegel vor Augen. Dies kann sehr unangenehm werden und ohne die Bereitschaft, dich mit dir selbst auseinanderzusetzen und deine Grenzen so ständig zu erweitern, wirst du als Medium sehr schnell scheitern. Es gilt nun also, einen neuen Automatismus zu entwickeln, der immer genau dann aktiviert wird, wenn unangenehme oder unerwünschte Gedanken und Gefühle in dir auftauchen. Also immer genau dann, wenn es unangenehm wird. Die neue Devise lautet nun nicht mehr Flucht oder Verstecken vor solchen Dingen, sondern Hinsehen und Wege finden, damit umzugehen! Wie du das lernen kannst, werden wir uns nun anhand einiger Trainingsbeispiele ansehen.

Beispiel 1: Selbstbeobachtung im Gespräch mit anderen Menschen

Hierfür sind besonders Gespräche mit den Menschen geeignet, mit denen du irgendein Problem hast. Dabei muss es sich keinesfalls gleich um solche Zeitgenossen handeln, die du aus irgendeinem Grund nicht leiden kannst, das wäre für den Anfang zu viel des Guten. Wähle solche Personen, die du grundsätzlich magst, wo aber irgendetwas nicht ganz passt. Solche Situationen gibt es mit jedem unserer sozialen Kontakte immer wieder, sei es mit Freunden, wenn man in bestimmten Dingen, die dem einen wichtig sind, dem anderen aber nicht, uneinig ist oder seien es Situationen mit den Eltern, die bei aller Liebe doch auch immer großes Konfliktpotential in sich bergen. Du musst nun nicht einmal zwingend das Thema ansprechen, bei dem es irgendwie klemmt. Nutze einfach die nächste Situation, in der es ein Gespräch gibt, und lass es sich ganz natürlich entwickeln. Allerdings teilst du jetzt deine Aufmerksamkeit auf, indem du nicht mehr nur zuhörst, sondern gleichzeitig auch in dich hineinblickst.

Welche Gefühle tauchen in dir auf, bist du vielleicht von bestimmten Dingen gelangweilt oder genervt? Hast du möglicherweise den Wunsch, das Gespräch zu lenken, damit bestimmte Themen gar nicht erst aufkommen? Falls dem so ist, lass es einmal zu, dass diese Dinge zur Sprache kommen, und beobachte dann genau, was das emotional und gedanklich mit dir macht. Diese Übung wird dir um einiges leichter fallen, wenn du dir bewusst machst, dass es niemals darum geht, deine Gedanken und Gefühle zu bewerten. Du sollst einfach nur bewusst hinsehen, was in dir auftaucht, und es dir zur späteren Reflektion merken, das ist alles. Möglicherweise bemerkst du bei dieser Übung auch zum ersten Mal, dass du bestimmte Gefühle nie bewusst wahrgenommen, sondern immer gleich im Keim erstickt hast. Das ist ein vollkommen normaler, menschlicher Automatismus, doch auf diese Art gewöhnt man sich das Fühlen ab und verliert so immer mehr den Kontakt zu sich selbst. Da ein Großteil der medialen Arbeit jedoch mit Fühlen zu tun hat, musst du an dieser Stelle nun umlernen.

Beispiel 2: Selbstbeobachtung in Konfliktsituationen

Mit Konfliktsituationen sind an dieser Stelle nicht nur Konflikte mit anderen Menschen gemeint, diese kannst du am besten in Gesprächssituationen beobachten. Es geht mir hier eher um Konflikte im Allgemeinen und deinen Umgang damit. Ein solcher Konflikt kann zum Beispiel darin bestehen, dass du mit deiner Arbeit ein Problem hast, nicht gerne hingehst oder ungute Gefühle deswegen hast. Es kann sich um Verpflichtungen handeln, die dir gegen den Strich gehen, Verantwortung, die du eigentlich nicht tragen willst, oder ganz allgemein um Situationen, die nicht so sind, wie du sie gerne hättest. Es geht hier also darum, dich im Alltag zu beobachten, denn all diese Konflikte treten dort auf. Sie sind zwar die ganze Zeit unterschwellig vorhanden, da wir sie jedoch für gewöhnlich unterdrücken, brauchen wir die direkte Konfrontation damit, um eine emotionale oder gedankliche Reaktion entstehen zu lassen. Schau dir nun genau an, was solche Situationen in dir auslösen, und lass das alles einmal vollständig zu, ohne es zu unterbrechen. Lass einen inneren Dialog entstehen, dem du zuhörst. Dies kann zum Beispiel folgendermaßen aussehen:

Es ist Wochenende und bevor du dich entspannen und Dinge tun kannst, die dir Freude bereiten und auf die du Lust hast, musst du erst aufräumen und putzen, da am Sonntag deine Eltern zu Besuch kommen. Beim Betrachten der Wohnung kommt nun der konfliktauslösende Gedanke auf: „Ich habe keine Lust aufzuräumen, ich will stattdessen lieber…“. Normalerweise würdest du dir nun vielleicht einfach sagen, „Augen zu und durch“, oder etwas Ähnliches und mit der Arbeit beginnen. Stattdessen antwortest du aber nun auf diesen Gedanken, als hätte eine andere Person diese Aussage gemacht. Dies kann zum Beispiel so aussehen: „Warum ist das für dich so schlimm? Wie fühlst du dich damit?“.

Es geht hier darum, zu lernen, verständnisvoll und liebevoll mit dir umzugehen. Höre der Antwort, die definitiv kommen wird, nun aufmerksam zu. Stell dir weiterhin vor, du redest mit einer anderen Person und deine Aufgabe wäre es, diese Person mit Verständnis und auf liebevolle Art zu unterstützen, so dass sie die Aufgabe am Ende bewältigen kann, ohne sich dabei schlecht zu fühlen. Finde einen Kompromiss! Mit dieser Selbstbeobachtung signalisierst du dir, dass du dich selbst ernst nimmst, und sendest gleichzeitig entsprechende Signale, dass deine Gefühle und Gedanken wichtig sind. Somit werden mit der Zeit immer mehr von deinen Gefühlen an die Oberfläche kommen, die zuvor gewohnheitsmäßig unterdrückt wurden, und genau darum geht es bei diesen Übungen ja.

Selbstreflektion – Wie du lernst, mit den beobachteten Gedanken und Gefühlen konstruktiv umzugehen

Je mehr du dich beobachtest, sei es nun in Gesprächen, Konfliktsituationen oder ganz allgemein im Alltag, desto mehr lenkst du deinen Fokus nach innen, auf deine eigene, innere Welt. Besonders zu Beginn kann dies sehr verwirrend und frustrierend sein, weil man gar nicht weiß, wohin mit all dem, was da auftaucht. Immerhin hat man es ja bisher nicht grundlos unterdrückt. Wie bereits kurz erwähnt, liegt das Hauptproblem darin, dass der Mensch dazu tendiert, alles bewerten zu müssen. Da wir Teil einer Gemeinschaft sind, macht dies sogar Sinn, denn wir müssen uns anpassen. Jedoch gehen wir meist viel zu weit mit dieser Anpassung, da sie allzu häufig dazu führt, dass wir uns bestimmte Gefühle, Gedanken oder Einstellungen einfach nicht erlauben, und das ist ein riesengroßer Fehler! Im Grunde ist es nämlich so, dass es keine falschen oder unerlaubten Gedanken und Gefühle geben kann. Wer hat denn das Recht, darüber zu bestimmen, wie du fühlen und was du denken darfst? Oder wer hat das Recht, dir vorzuschreiben, welche Einstellung du zu bestimmten Themen haben sollst?

Du fühlst, was du fühlst, daran kannst und wirst du niemals etwas ändern können. Das Einzige, worauf du wirklich Einfluss hast, ist, wie du mit dem umgehst, was in dir vorgeht. Dazu gehört an erster Stelle, es einfach wahrzunehmen, frei von jeglicher Bewertung. Es ist okay, wenn dir jemand auf die Nerven geht, wenn du dich für etwas schämst, wenn du mit bestimmten Themen nicht umgehen kannst oder kein Verständnis für die Sorgen und Probleme von jemand anderem aufbringen kannst. Es geht erst einmal lediglich darum, dir selbst das einzugestehen. All das musst du nicht nach außen tragen, du kannst dich trotzdem anpassen und bestimmte Gefühle, die du für unangemessen hältst, vor anderen verbergen. Jedoch wird allein die Tatsache, dass du diese vor dir selbst nicht mehr verbirgst, auch deinen Umgang damit im Außen verändern. So wirst du mit der Zeit nicht nur zu dir selbst immer authentischer, sondern von ganz allein auch zu anderen. Stell es dir so vor, dass du selbst dein bester Freund werden musst. Nimm dir jeden Abend Zeit, den Tag noch einmal durchzugehen und im Zwiegespräch mit dir selbst zu reflektieren.

Wenn du verständnisvoll mit dir selbst über das sprichst, was dir scheinbar problematische Gefühle oder Gedanken verursacht, werden Lösungen von ganz allein in diesem Gespräch entstehen. Wenn du aufhörst, dich dafür zu verurteilen, wie du auf bestimmte Dinge reagierst, wird es dir zunehmend leichter fallen, dies auch im Außen einzugestehen und Wege zu finden, Konflikte konstruktiv aufzulösen. Je länger du ehrlich und authentisch mit dir selbst bist, desto mehr wird sich dies auch nach außen tragen und du wirst authentischer für deine Umwelt werden. Das kann dann zunächst so wirken, als würden dadurch Konflikte in deinem Umfeld erst entstehen, doch sei dir sicher: Diese Konflikte waren schon lange da, sie wurden bisher nur von dir unterdrückt. Wenn du authentisch durchs Leben gehst, wird diese Unterdrückung nur unmöglich. Dies mag etwas unbequemer erscheinen, jedoch gewinnst du dadurch weit mehr, als du verlierst.

Je länger du nämlich Authentizität trainierst, desto mehr wirst du mit dir selbst ins Reine kommen und infolgedessen auch mit deinem direkten Umfeld und deinem Leben. Du wirst dich selbst besser kennen und akzeptieren lernen und du lernst, deine Gefühle zu verstehen und, besonders wichtig, sie bewertungsfrei anzunehmen. Erst wenn du diesen Zustand erreicht hast, bist du wirklich bereit, dich deiner medialen Arbeit zu widmen. Dann erst verfügst du nämlich über die notwendige Offenheit und Unbefangenheit, um überhaupt in der Lage zu sein, Botschaften empfangen zu können. Ob diese Botschaften nun von Wesen aus anderen Dimensionen kommen oder von anderen Menschen – die man ebenfalls channeln kann –, spielt dabei keine Rolle. Teil jeder Information sind immer auch Gefühle und Gedankengut und es wird immer wieder etwas dabei sein, was in dir Konflikte auslöst. Erst wenn du gelernt hast, konstruktiv damit umzugehen, können dich diese Inhalte nicht mehr blockieren. Außerdem wirst du umso sensitiver für die Gefühle anderer Menschen, je mehr du deine eigenen wahrnehmen und damit umgehen kannst. Für die Arbeit als Medium ist dies eine unerlässliche Fähigkeit.

Zum Abschluss möchte ich dir noch einen guten Rat mit auf den Weg geben. Suche dir zumindest einen Menschen, den du voll in deine mediale Ausbildung mit einbeziehen kannst. Damit ist nicht gemeint, dass derjenige diese Ausbildung ebenfalls machen muss, es geht vielmehr darum, dass du jemanden hast, der dir beim Reflektieren helfen kann. Denn egal, wie gut du lernst, dich selbst zu reflektieren, wir alle haben immer auch blinde Flecken, Dinge, die wir einfach nicht wahrnehmen können. Diese werden erst im konstanten Dialog mit einer Person sichtbar, die dich wirklich gut kennt und mit der du alles teilst. Darüber hinaus gibt es die eine oder andere Übung in deiner Ausbildung, für die du einen Partner benötigst. Deshalb sollte es wenigstens einen Menschen geben, der bereit ist, sich vorurteilsfrei mit dir gemeinsam auf diese Reise zu begeben.

MEDITATIONEN UND ATEMTECHNIKEN

„In der Ruhe liegt die Kraft!" – dieses alte Sprichwort findet nicht nur Anwendung in Bezug auf alltägliche Belange, sondern vor allem, wenn es darum geht, medial zu arbeiten. Mediale Arbeit beansprucht deine Sinne auf überdurchschnittliche Weise und du musst in der Lage sein, deine Wahrnehmung gezielt auszurichten. Dafür musst du bestimmte Sinneseindrücke, genauso wie deine eigenen Gedanken bewusst herausfiltern oder ausblenden können, um Raum zu schaffen für das, was du wahrnehmen möchtest. In der Hektik des Alltags sind wir vor allem darauf fokussiert, nur das Wesentliche wahrzunehmen, um unseren Anforderungen schnell gerecht werden zu können, dadurch ist unser Gehirn auf ein bestimmtes Wahrnehmungsmuster trainiert. Deshalb gilt es, erst einmal Ruhe und Ordnung in das Chaos zu bringen, die Gedanken zu beruhigen und sich zu zentrieren. Diese Fähigkeit solltest du jederzeit und überall beherrschen, denn sie ist die absolute Grundlage dafür, medial arbeiten zu können. Mit den folgenden Übungen trainierst du außerdem deine Visualisierungsfähigkeiten, also deine innere Vorstellungskraft, die ebenfalls zu einem wichtigen Tool für deine mediale Arbeit werden wird.

Wähle besonders für die ersten Male, bis du ein wenig Routine aufgebaut hast, einen ruhigen und ungestörten Ort für diese Übung. Am besten beginnst du in der Stille deines Zuhauses mit diesem Training und sorgst im Vorfeld dafür, dass weder das Telefon noch die Türklingel dich unterbrechen können. Musik zur Begleitung dieser Übung solltest du, zumindest am Anfang, vermeiden, damit du die Möglichkeit hast, ganz ungestört dich selbst zu erfahren.

Der innere Ruhepol

Mache es dir nun in einer aufrechten Körperhaltung bequem und schließe deine Augen. So lenkst du automatisch deinen Fokus nach innen und dein Gehirn beginnt damit, Alpha-Wellen zu produzieren, was einem entspannten Zustand entspricht. Dieser entspannte Zustand ist der Grundstein für konzentriertes Arbeiten, jedoch lässt er sich natürlich noch weiter vertiefen. Konzentriere dich dafür zunächst voll und ganz auf deine Atmung. Atme sechs Sekunden lang tief durch die Nase ein, zähle die Sekunden dafür mit. Verfolge dabei mit deiner Aufmerksamkeit den Weg deines Atems durch deinen Körper, spüre genau hin, wie es sich anfühlt, während der Atem langsam in deine Lungen strömt. Halte deinen Atem nun für drei Sekunden an und zähle die Sekunden auch hier wieder im Geist mit. Nun amtest du doppelt so lange durch den Mund aus, wie du eingeatmet hast, also zwölf Sekunden. Dabei zählst du im Geiste wieder mit und achtest wieder bewusst auf deine Körperempfindungen. Wiederhole diese Art der Atmung für einige Minuten, solange, bis dein Körper beginnt, sich langsam zu entspannen.

Nun kannst du anfangen, wieder normal zu atmen, tief und langsam in deinen Bauch hinein, während du deinen bewussten Fokus durch deinen Körper wandern lässt. Beginne, deine Aufmerksamkeit auf deine Füße zu lenken und zu spüren, wie sie sich anfühlen. Sind sie entspannt oder verspannt, tut etwas weh, juckt oder kribbelt etwas? Versuche nun, deine Füße bewusst zu entspannen und stell dir dabei vor, wie sie ganz warm werden. Sobald du dieses Ziel erreicht hast und deine Füße sich entspannt und warm anfühlen, wandere mit deinem Fokus hoch zu den Unterschenkeln. Wieder fühlst du zunächst einfach nur bewusst ihren Zustand und konzentrierst dich dann darauf, sie zu entspannen und Wärme entstehen zu lassen. Wenn sich auch deine Unterschenkel schön locker, entspannt und warm anfühlen, machst du mit deinen Oberschenkeln weiter. Auf diese Art lässt du deine Aufmerksamkeit einmal durch deinen gesamten Körper wandern, nach den Oberschenkeln kommen der Unterleib und Bauchraum, dann der Brustkorb, die Oberarme, die Unterarme und Hände, Hals und Kopf.

Wenn du damit fertig bist, richte deine Aufmerksamkeit auf deine Gedankenwelt. Deine Gedanken sollten inzwischen stark heruntergefahren sein, wodurch sich ein innerer Friede ausbreitet. Stelle dir nun vor, wie du auf einer endlosen Wiese stehst und in den Himmel blickst. Auf der Wiese befindet sich nichts, was deine Aufmerksamkeit auf sich ziehen könnte, nur die endlose Weite und der tiefblaue Himmel umgeben dich. Jeden Gedanken, der nun auftaucht, stellst du dir jetzt bitte als Wolke vor, die über diesen blauen Himmel zieht. Dabei bestimmt die Art des Gedankens das Aussehen und die Geschwindigkeit der Wolke. Dein Himmel wird sich jetzt also anfüllen mit leichten und schweren, hektischen und ruhigen Wolken und so ein perfektes Spiegelbild deines inneren Zustandes abgeben. Diese Übung soll dir dabei helfen, dich von deinen Gedanken zu distanzieren, denn auch, wenn die meisten Menschen denken, Meditation würde dazu führen, dass man Gedanken abstellen kann, ist dies ein Irrtum. Es ist unmöglich, mit dem Denken aufzuhören, Meditation dient vielmehr dazu, Abstand von den lauten, inneren Stimmen zu gewinnen und sich immer weniger damit zu identifizieren. Indem du deine Gedanken als Wolken an den Himmel projizierst, lernst du, genau dies zu erreichen und diese im zweiten Schritt sogar zu kontrollieren. Dafür beobachtest du zunächst einmal deinen Himmel und die darüber ziehenden Wolken, ohne dich auf eine bestimmte zu konzentrieren.

Wenn es dir gelingt, deine Gedanken in Form des Wolkenbildes einfach nur zu beobachten und nicht mehr auf einzelne von ihnen einzusteigen und sie zu verfolgen, hast du bereits einen großen Erfolg erzielt. Du bist imstande, dich von ihnen zu distanzieren, statt dich davon einnehmen und leiten zu lassen. Versuche nun in einem weiteren Schritt, die Wolken an deinem Himmel beiseitezuschieben, bis sie aus deinem Blickfeld entschwinden oder zumindest nur noch am Rand desselben treiben. Ziel ist es nun, einen möglichst großen Teil des Himmels wolkenfrei zu bekommen und so zu halten. Anfangs wird dies nur ein kleiner Fleck sein, deshalb ist es hilfreich, dich auf diesen kleinen Fleck freien Himmels zu konzentrieren und dir dabei vorzustellen, wie er sich immer weiter ausdehnt. An dieser Stelle steht es dir frei, ob und wann du die Übung ausklingen lassen und beenden möchtest. Du kannst von hier an so lange in der Übung verweilen, wie du dich damit wohl fühlst.

Sollte an dieser Stelle irgendwann Unruhe aufkommen und deine Entspannung verloren gehen, brich die Übung ab und wiederhole sie zu einem anderen Zeitpunkt. Ziel der Übung ist es, so entspannt und ruhig wie möglich abzuschließen, also mit einem guten Gefühl, deshalb wäre es sehr kontraproduktiv, dich zum Weitermachen zu zwingen, wenn du aus irgendeinem Grund gerade nicht in der Lage dazu bist. Um die Übung zu beenden, wendest du deinen Fokus wieder deiner Atmung zu, hältst dabei aber das Bild des möglichst freien Himmels noch vor deinem inneren Auge fest. Verfolge ein paar Atemzüge lang den Weg der Atmung durch deinen Körper und verbinde dich so wieder damit. So kehrst du aus dem Geist wieder in die Körperlichkeit zurück. Zum Abschluss gibst du dir folgende Autosuggestion: „Dies ist mein innerer Ruhepol und ich finde mit jedem Mal leichter und schneller hierhin!“. Wiederhole dies in Gedanken dreimal, dann lass das innere Bild des Himmels los, öffne deine Augen und kehre langsam ins Hier und Jetzt zurück.

Die ersten Male kann es sein, dass du dich nach dieser Meditation zwar entspannt, aber auch müde fühlst. Der Stress und die Hektik des Alltags führen bei vielen Menschen – und besonders bei Hochsensiblen – zu einer dauerhaften Anspannung, die sehr anstrengend für den Körper ist. Deshalb ist es völlig normal, wenn dein Körper zu Beginn mit Müdigkeit darauf reagiert, dass du die Anspannung losgelassen hast. Deshalb ist es wichtig, dieser Müdigkeit auch nachzugeben und dir Ruhe zu gönnen, denn so kannst du die erreichte Entspannung umso länger in deinen Alltag mitnehmen und auf diese Art einen neuen Normalzustand etablieren. Du bringst dir selbst damit bei, diese neu gewonnene Ruhe zu einer dauerhaften Kraftquelle zu etablieren. Mit jeder Wiederholung wird es dir so schneller und effektiver gelingen, inneren Frieden und Klarheit herzustellen, wodurch du nicht nur in Bezug auf mediale Arbeit profitieren wirst. Wann immer die Dinge um dich herum unruhig oder stressig werden, kannst du in deiner Mitte und somit auch in deiner Kraft bleiben oder, solltest du doch einmal aus dem Gleichgewicht geraten, schnell wieder dorthin zurückfinden.

Zu Beginn wird diese Meditation ca. eine halbe Stunde Zeit in Anspruch nehmen, je häufiger du sie trainierst, desto kürzer wird diese Zeitspanne werden, bis du am Schluss nur noch wenige Minuten dafür benötigst. Wie schnell dies geht, ist individuell von deiner Grundveranlagung und deinem psychischen und körperlichen Ausgangszustand abhängig. Manche meistern diese Übung innerhalb einiger Tage, andere benötigen vielleicht einige Wochen. Lass dich bitte nicht frustrieren, wenn du an dieser Stelle etwas länger brauchst, und bleib am Ball. Du hilfst dir nicht, indem du dich selbst einem zu hohen Erwartungsdruck aussetzt. Diese Meditation gehört zu den absoluten Grundlagen und du solltest sie sicher beherrschen, bevor du beginnst, tatsächliche, mediale Techniken zu trainieren. Damit die Übung jedoch nicht zu eintönig wird, kannst du sie mit sämtlichen anderen aus diesem Kapitel variieren.

Der stille Ozean

Diese folgende Kurzmeditation führt dich in eine absolute Tiefenentspannung, die so stark ist, dass viele Menschen dabei einschlafen. Deshalb eignet sie sich besonders gut dazu, sie vor dem Einschlafen durchzuführen. Nach einem stressigen Tag, wenn das Einschlafen besonders schwerfällt, weil die Gedanken kreisen, wirst du diese Meditation besonders zu schätzen wissen. Du kannst sie jedoch auch sehr gut in der Badewanne anwenden – warum, wirst du gleich noch feststellen –, in diesem Fall hilft das Wasser dir, wach zu bleiben und die erreichte Tiefenentspannung für weitere mediale Arbeiten zu nutzen. Deshalb möchte ich an dieser Stelle noch kurz einräumen, dass Wasser ohnehin ein großartiges Hilfsmittel für mediale Arbeit ist. Es reinigt nicht nur, sondern kann dir auch dabei helfen, dich auf energetischer und geistiger Ebene mit anderen Ebenen zu verbinden. Wasser ist ein sehr mystischer Stoff, dem vielerlei Eigenschaften nachgesagt werden, auch wenn diese von der Wissenschaft noch nicht nachgewiesen wurden. Die Homöopathie und die Bachblütentherapie nutzen zum Beispiel die Eigenschaft von Wasser,

Informationen zu speichern. Jeder Tropfen Wasser auf dieser Erde ist im Laufe der Zeit schon mit allem in Berührung gekommen, was hier existiert – möglicherweise findet sich darin der Grund, warum viele Medien das Verbundensein mit Wasser als sehr hilfreich bei ihrer Arbeit empfinden.

Zu Beginn legst du dich entweder entspannt auf den Rücken oder, wie bereits erwähnt, in deine Badewanne. Schließe nun deine Augen und beginne mit folgender Visualisierung: Du treibst im Wasser, in einem endlosen Ozean. Lasse deinen Blick schweifen und sieh nichts als die endlose Weite des Wassers, in dem du treibst und das dich trägt. Darüber spannt sich ein ebenfalls endloser und tiefblauer Himmel. Die Sonne steht schon tief, so dass die Blautöne in dieser Szenerie bereits eine eher dunkle Schattierung annehmen. Du nimmst die Farben tief in dich auf und spürst, wie das warme Wasser deinen Körper umschmeichelt und dich trägt. Ein Gefühl von absoluter Geborgenheit macht sich breit und du weißt, dir kann hier nichts Böses geschehen. Du beginnst nun, langsam von Hundert an rückwärtszuzählen. Dabei verbindest du deinen Atem mit dem Vorgang des Zählens:

Langsam und tief einatmen und in Gedanken sagst du „hun", tief ausatmen und in Gedanken sagst du „dert", dann Einatmen, „neunund", Ausatmen, „neunzig", und so weiter. Jeder Atemzug wird so mit einer oder zwei Silben der Zahl verbunden, die gerade beim Zählen dran ist. Gleichzeitig beginnst du, dich langsam unter die Wasseroberfläche sinken zu lassen. Da es sich nur um eine Meditation handelt, kannst du unter Wasser problemlos atmen, solltest du in der Badewanne liegen, bleibst dein Kopf natürlich über Wasser. Du sinkst nur innerhalb der Meditation nach unten. So zählst du nun langsam, mit deiner Atmung verbunden, herunter und beobachtest dabei, wie es um dich herum dunkler und dunkler wird. Sollten störende Gedanken auftauchen, projiziere sie als Fische in das Wasser um dich herum und lass sie einfach davonschwimmen. Die Strahlen der tiefstehenden Sonne dringen noch ein Stück weit ins Wasser ein, beobachte das Spiel aus Licht und Farbe, während du langsam immer tiefer sinkst.

Wenn du bei fünfzig angekommen bist, verschwinden die letzten Sonnenstrahlen aus deinem Blickfeld und es wird vollkommen dunkel um dich herum. Du erweiterst nun dein Atemmuster um eine Autosuggestion, die du alle zehn Atemzüge – also bei vierzig, dreißig, zwanzig und zehn – wiederholst: „Ich sinke langsam in einen Zustand der absoluten Entspannung und Stille“. Deine Gedanken werden inzwischen stark heruntergefahren und nur noch wie aus weiter Ferne wahrnehmbar sein. Möglicherweise fällt das Zählen dir inzwischen schwer, richte deshalb deine gesamte Konzentration darauf. Auf diese Art trainierst du bereits für spätere Trancetechniken, wenn es darum geht, trotz tiefer Trance noch über einen wachen und kontrollierten Geist zu verfügen. Solltest du dich dennoch einmal verzählen oder plötzlich nicht mehr wissen, bei welcher Zahl du bist, mache einfach mit irgendeiner Zahl weiter, die dir am wahrscheinlichsten erscheint. Lass dich davon nicht aus deiner Konzentration reißen.

Wenn du bei zehn angekommen bist, näherst du dich dem Grund des Ozeans, hier passt du deine Zählweise noch einmal an: Einatmen – „und“, ausatmen – „zehn“, Einatmen – „und“, Ausatmen – neun“, usw. Bei der Null stellst du dir vor, wie dein Körper sanft auf dem Grund des Ozeans zum Liegen kommt, und beendest die Meditation mit folgender Autosuggestion: „Ich befinde mich jetzt in einem Zustand absoluter Tiefenentspannung und innerer Stille. Ich erreiche diesen Zustand jedes Mal einfacher und schneller!“. Wenn du nicht schon vorher eingeschlafen bist, kannst du nun in diesem Zustand noch so lange verweilen, wie du möchtest. Anstatt dich von hier in den Schlaf gleiten zu lassen, kannst du auch Kraft aus der Stille tanken und langsam wieder auftauchen, wenn du möchtest. Genauso gut eignet sich der hier erreichte Zustand für mediales Arbeiten, da du von einer richtigen Trance nicht mehr weit entfernt bist. Zum Abschluss möchte ich dir nun noch zwei einfache Atemübungen vorstellen. Diese kannst du jederzeit und an jedem beliebigen Ort durchführen, es gibt keinerlei Zeitvorgabe für diese Übungen, weshalb du allein entscheidest, wie lange du sie durchführen möchtest. Du kannst sie immer dann nutzen, wenn du dich überreizt oder überfordert fühlst, dein Alltag gerade etwas zu stressig für dich wird oder du einfach eine kurze Entspannungspause einlegen möchtest. Auch diese Übungen kannst du nutzen, wenn du Probleme beim Einschlafen hast und den Kopf abschalten möchtest. Die zweite Übung verbessert dank der genutzten Affirmation darüber hinaus sogar noch deine Einstellung zu dir selbst.

Einfache Atemübung

Für diese Atemtechnik musst du im Grunde nicht einmal deine Augen schließen, auch wenn du dies zur Wirkungsverstärkung natürlich tun kannst. Du musst lediglich tief in den Bauch hineinatmen und den Weg der Atmung dabei bewusst durch deinen Körper verfolgen. Dabei verbindest du die Atmung wieder – wie in der vorigen Übung – mit einem zweisilbigen Wort. Beim Einatmen denkst du „Ru" und beim Ausatmen denkst du „he". Du verbindest also das Wort Ruhe mit deiner Atmung und ziehst die Silben dabei schön lang, damit du entsprechend tiefe Atemzüge machen kannst. Wenn du den Effekt dieser Übung noch verstärken willst, dann richte deine Aufmerksamkeit dabei ganz auf deinen Körper, gehe sämtliche Körperzonen, wie du es aus der Ruhepol-Meditation kennst, einmal durch und entspanne sie. Führe diese Atemtechnik so lange durch, bis sich zumindest eine Grundentspannung einstellt, für gewöhnlich dauert dies nur wenige Minuten.

Erweiterte Atemübung mit Affirmation

Grundsätzlich gehst du bei dieser Atemtechnik genauso vor, wie bei der eben vorgestellten, nur, dass du hier nicht mit dem Wort Ruhe arbeitest. Stattdessen verbindest du deine Atmung hier mit der folgenden Affirmation:

„Ich akzeptiere und respektiere mich. Ich liebe mich bedingungslos."

Jede Silbe ist einmal Ein- oder Ausatmen, also gehst du vor wie folgt: Beim Einatmen denkst du „Ich", dann Ausatmen „ak", Einatmen „zep", Ausatmen „tie" und so weiter.

Diese Technik fördert deine Konzentrationsfähigkeit ungemein, innerhalb weniger Minuten hast du vollkommene Stille in deinem Kopf, während du geistig zwar ruhig und entspannt, aber vollkommen klar bist. Somit ist die Übung nicht nur gut geeignet, dem Gedankenkarussell zum Einschlafen zu entfliehen, sondern auch als Vorbereitung auf Trancetechniken. Außerdem ergänzt sie die Übung zur Authentizität, da du durch die Verinnerlichung der Affirmation deine Einstellung zu dir selbst dauerhaft ins Positive verschiebst.

WAHRNEHMUNGSTRAINING

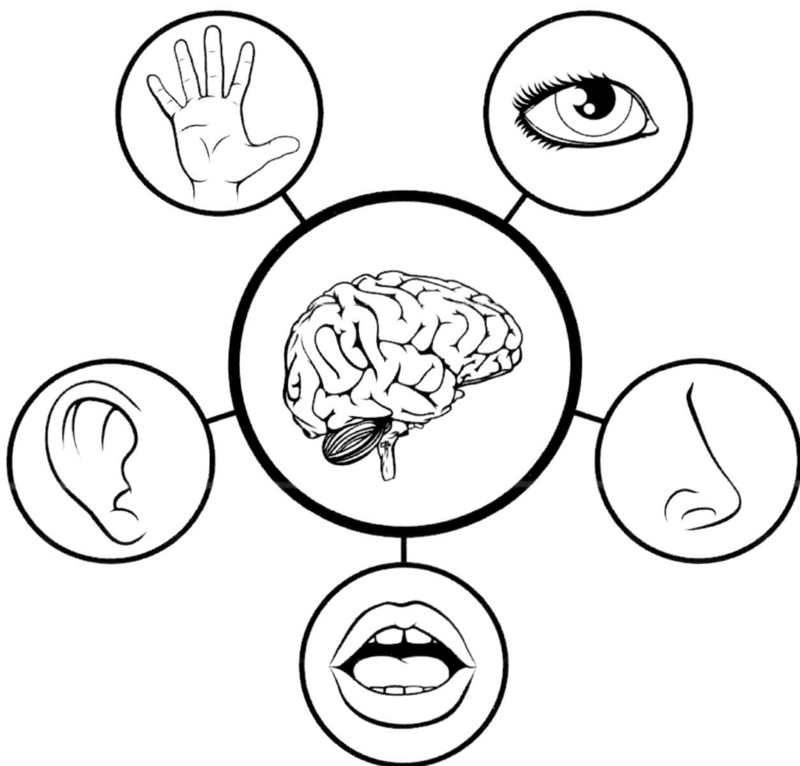

Nachdem du dich nun eine ganze Weile auf deine innere Welt konzentriert und gelernt hast, diese ohne Filterung wahrzunehmen, ist es an der Zeit, das Gleiche auch auf die äußere Welt anwenden zu können. Relativ zu Beginn dieses Buches bin ich bereits kurz auf dieses Thema eingegangen, in dem Kapitel, das sich der Frage widmet, warum scheinbar nur so wenige Menschen mediale Fähigkeiten ausbilden. In diesem Zusammenhang habe ich erklärt, wie der Mensch während des Aufwachsens lernt, seine Wahrnehmung nach bestimmten Kriterien zu filtern und warum. Nun geht es darum, zu lernen, diese in frühen Jahren antrainierten Filter kontrollieren zu lernen. Du sollst sie keineswegs dauerhaft ausschalten, das wäre ein höchst unerwünschter

Zustand, wie ihn hochgradig hypersensible Menschen zu Genüge kennen. Dieser Zustand ist auf Dauer einfach nur überfordernd, was dir bei deiner medialen Arbeit mehr schaden als nutzen würde. Was du aber können musst, ist, diese Filter bei Bedarf zu deaktivieren, und zwar nach Möglichkeit für jeden deiner Sinne im Einzelnen. Dabei handelt es sich keinesfalls um „Hexenwerk", sondern – wie das Klavierspielen, das hier so oft als Beispiel herhalten muss – einfach um eine Fähigkeit, die man trainieren kann. Wie du das am besten angehst, erkläre ich nun in einzelnen Übungen für jeden deiner Sinne. Zum Schluss widmen wir uns dann der Meisterdisziplin: Einer möglichst filterlosen Wahrnehmung über alle Sinne.

Wahrnehmungsübung für den optischen Sinn (Sehsinn)

Suche dir für deine ersten Übungen einen möglichst reizarmen Ort. Da du deinen optischen Sinn trainieren möchtest, bedeutet dies ein Ort, der optisch eher „langweilig" daherkommt. Wähle für die ersten Male, bis du die Übung gut beherrschst, einen Raum in deiner Wohnung, keinesfalls im Freien. Es sollte zudem einigermaßen still sein und natürlich sorgst du vorher dafür, dass du während der Übung nicht unterbrochen wirst. Nimm dir eine halbe Stunde Zeit für dieses Training und mache anfangs nicht mehr als eine Trainingssession pro Tag. Sinnestraining ist anstrengend und kann leicht zu Überforderung führen, wenn man es übertreibt. Später gilt dann, je geübter du bist, desto mehr kannst du pro Tag verkraften. Geduld ist eine Tugend, die man auch und besonders als Medium beherrschen sollte. Stelle dir vor Beginn der Übung drei Alarme über dein Handy oder einen Wecker ein, einen in zehn Minuten, einen zweiten in zwanzig Minuten und einen dritten in dreißig Minuten.

Um zu beginnen, setze dich in entspannter Haltung hin, so dass du den Raum gut im Blick hast. Konzentriere dich jetzt voll und ganz auf das, was du siehst, und blende alle anderen Reize aus, indem du ihnen keine Beachtung schenkst. Lass deine Augen schweifen und präge dir so viele Details wie möglich ein, die Farbe und Struktur der Tapeten, Möbel, Dekorations- und Einrichtungsgegenstände, eventuelle Imperfektionen wie Flecken oder Risse. Jedes Detail ist wichtig, deshalb versuche, so etwas wie geistige Fotos zu machen. Fahre damit fort, bis der erste Wecker klingelt. Dann schließt du deine Augen und versuchst, vor deinem geistigen Auge ein möglichst detailgetreues Bild des Raumes zu erstellen. Versuche, in deinem Geist durch den Raum zu gehen und alles zu betrachten, achte dabei darauf, wie klar deine bildliche Vorstellung ist. Auf diese Art trainierst du gleichzeitig auch deine Visualisierungsfähigkeit. Lass deine Augen geschlossen und bewege dich in den inneren Bildern, bis der zweite Alarm ertönt.

Öffne nun die Augen und nimm dir Zettel und Stift. Sieh dich jetzt nicht um, sondern beginne sofort, aufzuschreiben, was du in Erinnerung behalten hast, ebenfalls wieder so detailliert wie möglich. Wenn du damit fertig bist, vergleiche das Ergebnis mit der Realität. Sieh dich um und überprüfe, was du übersehen oder vergessen hast und wie umfangreich deine visuelle Wahrnehmung war. Lass dich nicht entmutigen, wenn deine Ergebnisse die ersten Male noch dürftig sind, denn das ist vollkommen normal. Du musst deinem Gehirn erst beibringen, was du von ihm erwartest, deshalb wirst du mit jeder Übung mehr wahrnehmen und besser werden. Wechsel für diese Übung öfter mal den Raum, da du spätestens nach drei Trainingssitzungen bereits alle Details in- und auswendig kennen wirst. Damit wäre die Übung sinnlos. Gerade, wenn du bereits einige Übungen gemacht hast, kannst du auch gerne damit beginnen, sie außerhalb deiner vertrauten vier Wände zu machen. Zum Beispiel im Wartezimmer deines Arztes, in öffentlichen Verkehrsmitteln, während einer Pause auf der Arbeit. Die Dauer der Übung kannst du natürlich variieren und an die gegebenen Umstände anpassen, die vorgegebenen drei Zehn-Minuten-Intervalle sollen dir nur zu Beginn als Richtline dienen.

Wahrnehmungsübung für den akustischen Sinn (Hörsinn)

Im Grunde gehst du hier fast genauso vor, wie bei der vorigen Übung, nur dass du dich diesmal auf deine akustische Wahrnehmung konzentrierst. Zu Beginn wird dir das leichter fallen, wenn du deine Augen schließt oder sie sogar verbindest, so dass zumindest dieser Wahrnehmungskanal vorübergehend ausgeblendet ist. Später kannst du dich dann herausfordern, indem du die Übung mit offenen Augen durchführst. Auch hier gilt es, zu Beginn einen möglichst reizarmen Ort auszuwählen und dies mit mehr Übung zu erweitern. Für das Training deines Gehörsinns eignet es sich besonders gut, wenn jemand in deinem Umfeld redet. Zu Beginn kann dies der Fernseher oder das Radio sein, später vielleicht Gespräche von anwesenden Personen. Versuche, dir das Gesagte so detailliert wie möglich einzuprägen. In der zweiten Phase, wenn es darum geht, das Ganze in dir noch einmal wachzurufen, versuchst du, die gesamten zehn Minuten vor deinem „geistigen Ohr", also in deinem Kopf, noch einmal abzuspielen.

Die dritte Phase der Überprüfung fällt in diesem Training aus, da die meisten akustischen Reize sich nicht dauernd wiederholen und du somit nur schlecht überprüfen kannst, wie viel dir entgangen ist. Dennoch wirst du mit zunehmendem Training immer mehr akustische Reize wahrnehmen, die dir vorher entgangen sind, auch und besonders an vertrauten Orten. Dies wird dir deutlich machen, wie stark du deine Wahrnehmung filterst. Geräusche, wie die Toilettenspülung in der Nachbarwohnung, Schritte im Treppenhaus, vorbeifahrende Autos und Ähnliches, werden im Normalbetrieb ausgeblendet und sollten durch diese Übung wieder in den Fokus des Bewusstseins gerückt werden.

Wahrnehmungsübung für deinen olfaktorischen Sinn (Geruchssinn)

Auch bei dieser Übung gehst du grundsätzlich so vor, wie bei den anderen Sinnesübungen. Für die ersten Sessions kannst du es dir erleichtern, indem du deine Augen schließt und die Ohren zum Beispiel mit Ohropax abdichtest. Je geübter du bist, desto mehr deiner anderen Sinne kannst du wieder hinzunehmen, um zu lernen, einzelne Sinne gezielt ein- oder auszublenden. Da der Geruchssinn in enger Verbindung mit dem Geschmackssinn steht, werden wir diese beiden Sinne mit einer Übung abdecken. Konzentriere dich nun also vollständig auf alles, was du riechst, und achte dabei darauf, ob dein Geschmackssinn auf bestimmte Gerüche reagiert. Bei sehr starken Duftreizen kannst du den Geruch nämlich auch schmecken und das ohne, dass du tatsächlich etwas in den Mund nehmen musst. Je nach Geruch kann diese Erfahrung etwas eklig sein, weshalb die meisten Menschen diese Art der Wahrnehmung stark blockieren oder filtern. Versuche, sie nun gezielt wachzurufen, und sei experimentierfreudig.

Während du anfangs einfach mit deinen Umgebungsgerüchen übst, kannst du die Übung später interessanter gestalten, indem du gezielt mit einer bestimmten Sache übst: einem Getränk oder einem Snack, Parfüm, Obst, Blumen, deiner Phantasie sind hier keine Grenzen gesetzt. Versuche, die Gerüche, denen du dich widmest, so detailliert wie möglich zu erfahren und zu beschreiben. So riecht ein Parfum zum Beispiel nicht einfach nur „frisch", „süß" oder „stechend", sondern vielleicht eher süßlich durch den Duft von Orangen und Rosen, mit einer frischen Zitrusnote. Jeder Geruch setzt sich zusammen aus unterschiedlichen Komponenten, diese gilt es nun, zu erkunden, zu beschreiben und in deinem Geist wieder wachrufen zu können.

Wahrnehmungstraining für deinen taktilen Sinn (Tastsinn)

Halte dich auch hier wieder an das bekannte Trainingsmuster, gehe jedoch eher so vor, wie beim Training des olfaktorischen Sinnes. Beginnen kannst du am besten damit, wie sich die Kleidung auf deiner Haut anfühlt. Belasse es bei deiner Beschreibung bitte nicht bei „weich" oder „kratzig", sondern nimm dir Zeit, genau in deine einzelnen Körperregionen hineinzufühlen. Deine Hose fühlt sich vielleicht eher fest und etwas einengend an, während dein Shirt weich und fließend deinen Körper umschmeichelt. An einigen Körperstellen fühlst du andere Reize als an anderen, obwohl sie vom gleichen Kleidungsstück bedeckt sind. Achte auch auf deine Körperempfindungen wie An- oder Entspannung, Jucken, Temperatur, Schmerzen und Ähnliches. Für spätere Sessions kannst du dir gezielt einzelne Gegenstände auswählen, die du nur mit deinem Tastsinn erkundest. Sobald du diese Übung sicher beherrschst, kannst du sie auf ein höheres Niveau anheben, welches man bereits als eine Vorstufe medialer Arbeit bezeichnen kann.

Hierfür benötigst du einen anderen Menschen, vorzugsweise jemanden, dem du vertraust und der von deinen Ambitionen, medial zu arbeiten, weiß und dich gerne dabei unterstützen möchte. Dafür stellst du dich mit geschlossenen Augen hin, während die andere Person sich in ca. anderthalb Metern Entfernung von dir aufstellt. Diese Person soll sich dir nun mit ausgestreckter Hand nähern, während es deine Aufgabe ist, zu erfühlen, wann diese Person deine Aura berührt. So lernst du zum ersten Mal, deine Wahrnehmung auf die energetische Ebene zu lenken. Je nachdem, wie sensibel du bist und ob du so etwas schon einmal gemacht hast, wird es dir zu Beginn vermutlich schwerfallen, hier überhaupt etwas zu spüren. Stell dir deshalb jetzt einmal vor, wie es sich anfühlt, wenn ein Mensch dir körperlich zu nahetritt, also in deinen persönlichen Bereich hineintritt. Dieser persönliche Bereich misst im Normallfall zwischen einem halben und einem Meter und entspricht in etwa der Ausdehnung deiner Aura, also deines Energiefeldes. Wir spüren instinktiv, wenn jemand in diesen Bereich hineintritt, weshalb es auch eine gesellschaftliche Selbstverständlichkeit ist, nur engen Vertrauten so nahezutreten. Genau dieses Gefühl ist es jedenfalls, auf das du achten musst, und nach einigen Versuchen wirst du deine diesbezügliche Sensibilität schon beträchtlich erhöht haben.

Das Berühren deiner Aura kann sich jedoch auch noch durch andere Formen der Wahrnehmung bemerkbar machen. Sobald du etwas sensibilisiert dafür bist, kannst du solche energetischen Berührungen durch eine Art kribbelndes Gefühl wahrnehmen. Da jeder dieses Kribbeln etwas anders empfindet, ist es jedoch schwer, zu beschreiben. Deshalb empfiehlt es sich, durch Experimentieren deine persönliche Form der energetischen Wahrnehmung kennen zu lernen. Du kannst die andere Person deine Aura ertasten lassen und mit etwas Übung sogar erspüren, ob du irgendwo Löcher oder Störungen in deiner Aura hast. Diese sollte sich im Idealfall nämlich gleichmäßig um deinen Körper herum ausdehnen. Ist sie an bestimmten Stellen dünner oder enger, weist dies auf energetische Probleme hin. Wie du mit solchen Problemen umgehen solltest, besprechen wir später, im Rahmen der eigentlichen Ausbildung zum Medium.

Die Königsdisziplin – Wahrnehmungstraining aller Sinne gleichzeitig

Wenn du mindestens einen Monat lang alle deine Sinne einzeln trainiert und dabei gute Fortschritte erzielt hast, kannst du dich an diese abschließende Übung wagen. Zu Beginn wählst du auch hier einen möglichst reizarmen Ort, allein dein Wohnzimmer wird dich ausreichend beanspruchen. Außerdem solltest du hier anfangs für maximal fünf Minuten trainieren. Es gilt nun, eine möglichst vollständige Wahrnehmung sämtlicher Sinnesreize zu erreichen, dafür solltest du nacheinander dein Umfeld mit jedem Sinn einzeln erfassen und dir so viele Informationen wie möglich einprägen. Anschließend lässt du, wie beim Training des visuellen und akustischen Sinnes, alles noch einmal mit geschlossenen Augen in deinem Kopf entstehen, wieder so vollständig wie möglich. Solange du diese vollständige Wahrnehmung in einem Raum trainierst, solltest du danach alles aufschreiben, was dir im Gedächtnis geblieben ist. So machst du deinem Gehirn die Wichtigkeit dieses Trainings klar und sorgst dafür, dass es bei zukünftigen Übungen immer mehr Filter ausschaltet. Diese Übung ist sehr anstrengend, übertreibe es also nicht und wähle die ersten Male sichere und ruhige Orte dafür aus. Je besser dir die vollständig ungefilterte Wahrnehmung gelingt und je weniger erschöpft du dich hinterher fühlst, desto mehr kannst du dein Übungsfeld ausdehnen und auch unterwegs spontan üben. Die Zeitdauer kannst du dabei wieder an die individuellen Gegebenheiten anpassen.

SCHULUNG DEINER INTUITION

Intuition ist wohl eine der wichtigsten Grundvoraussetzungen für die mediale Arbeit, folglich ist es natürlich besonders wichtig, diese zu trainieren. Damit du das erfolgreich tun kannst, sollten wir uns zunächst jedoch mit einigen Fragen auseinandersetzen, da man nur schwer etwas lernen kann, das man nicht richtig versteht. Die meisten Menschen haben nämlich gar keine richtige Vorstellung davon, was Intuition überhaupt ist und woher sie kommt, oder sie haben noch nie darüber nachgedacht. Grob gesagt handelt es sich bei Intuition um die Fähigkeit, Dinge vorauszuahnen, oft wird sie deshalb auch als Bauchgefühl beschrieben. Tatsächlich kann Intuition als bloßes Gefühl im Bauch auftreten, doch hat sie noch weit mehr Erscheinungsformen, die meist leider völlig unbemerkt bleiben. Wer jedoch in gutem Kontakt mit seiner Intuition steht, kann sich über regelmäßige Vorteile im Alltag und häufige „Glücksfälle“ freuen.

Es scheint, als wäre eine gute Intuition etwas, das man entweder hat oder eben nicht, also reine Glückssache, so, wie ein angeborenes Talent. Doch man kann seine Intuition durchaus gezielt verbessern. Im Grunde ist diese nämlich ebenfalls von der Wahrnehmung abhängig, weshalb sie umso besser und verlässlicher funktioniert, je mehr man mit sich selbst in Kontakt steht. Aus diesem Grund kommt das Thema Intuitionstraining in diesem Kapitel auch erst nach dem Wahrnehmungstraining. Wenn du mit deinem Wahrnehmungstraining bereits ein geübtes Stadium erreicht hast, kann es gut sein, dass sich deine Intuition bereits scheinbar von allein verbessert hat. Deshalb möchte ich jetzt erst einmal erklären, was Intuition eigentlich ist und wie sie entsteht. Es gibt drei verschiedene Arten von Intuition, die ich im Folgenden einzeln erkläre und dir gleichzeitig Techniken an die Hand gebe, wie du diese gezielt trainieren kannst.

Gefühlsbetonte Intuition

An erster Stelle haben wir die gefühlsbetonte Intuition, die sich zum Beispiel durch ein gutes oder ungutes Bauchgefühl äußern kann. Diese Form der Intuition hat ihren Ursprung im Unterbewusstsein des Menschen und hängt mit den bereits häufig erklärten Wahrnehmungsfiltern zusammen. Wenn unser Gehirn unsere Wahrnehmung filtert, dann gehen die Teile, die herausgefiltert werden, nämlich keinesfalls verloren. Alles, was wir je wahrgenommen haben, wird in unserem Gehirn abgespeichert, wir haben jedoch nur auf maximal zehn Prozent davon bewussten Zugriff. Der Rest wird vom Unterbewusstsein sozusagen verwaltet und ständig nach relevanten Bezügen zur Gegenwart abgeglichen. Wird dabei etwas entdeckt, das für gegenwärtige Entscheidungen wichtig sein könnte, reagiert das Unterbewusstsein, indem es die anstehende Entscheidung mit richtungsweisenden Emotionen beeinflusst. Genauso kann eine Reaktion aber auch in Form von Träumen erfolgen, die dann wie prophetische Träume erscheinen. Ich möchte dies einmal anhand eines Beispiels verdeutlichen.

Stell dir vor, du fährst jeden Tag die gleiche Strecke zur Arbeit. Auf deiner Route führt die Straße an einer Stelle an einem Steilhang vorbei, dort steht vielleicht sogar ein Schild, das vor möglichen Erdrutschen warnt, und am Hang selbst sind Fangnetze angebracht. Da dir der Anblick vertraut ist und dort noch nie etwas geschehen ist, solange du dort täglich vorbeifährst, beachtest du diese Stelle bewusst überhaupt nicht mehr, deine Wahrnehmung wird hier komplett gefiltert. Nun geht dein Unterbewusstsein nachts, während du schläfst, die herausgefilterten Teile der Wahrnehmung durch und bemerkt an dieser Stelle deutliche Hinweise darauf, dass sich möglicherweise ein Erdrutsch anbahnt. Vielleicht hat es starke Regenfälle gegeben, einige Steine haben sich gelockert und sind schon leicht verrutscht, alles Details, die dem bewussten Blick leicht entgehen. Dein Unterbewusstsein wird nun das vorhandene Risiko für dich berechnen und entsprechend aktiv werden.

Entweder träumst du davon, wie es einen Erdrutsch gibt, während du diese Stelle passierst, oder du wachst einfach mit einem extrem unguten Gefühl auf und willst aus irgendeinem Grund nicht zur Arbeit fahren, ohne es erklären zu können. Ob der Erdrutsch dann tatsächlich stattfindet und möglicherweise auch noch zu dem Zeitpunkt, wenn du die Stelle passieren würdest, ist jedoch immer von vielen Wahrscheinlichkeiten abhängig. Dein Unterbewusstsein hat hier eine Prognose gemacht, die als Warnung dienen soll. Tritt das Ereignis nicht ein, sorgt dies häufig dafür, dass wir solche Intuitionen nicht mehr ernst nehmen. Tritt es jedoch ein und hat die Warnung des Unterbewusstseins dafür gesorgt, dass uns nichts geschieht, weil wir darauf gehört haben, nehmen wir unsere Intuition fortan besonders ernst. Dies führt dann auch dazu, dass sie immer häufiger auftritt und wir in besseren Kontakt dazu kommen.

Diese Form der Intuition trainierst du am effektivsten durch das vorher beschriebene Wahrnehmungstraining, denn damit signalisierst du deinem Unterbewusstsein ja bereits eine erhöhte Dringlichkeit, auf jedes Detail zu achten. Du kannst sie jedoch auch noch zusätzlich aktivieren oder forcieren, durch eine einfache Meditationstechnik, die ich im Folgenden beschreiben möchte:

Gefühlsbetonte Intuition trainieren – die Bitte um Traumbotschaften

Um die gefühlsbetonte Intuition zu trainieren, musst du direkten Kontakt mit deinem Unterbewusstsein aufnehmen. Dies ist nicht nur simpel, sondern auch höchst effektiv, denn erfahrungsgemäß reagiert das Unterbewusstsein sehr gut auf direkte Bitten oder „Aufträge“ und ist absolut kooperationsbereit. Erreichen kannst du es über eine einfache Meditation, die du am besten direkt vor dem Einschlafen machst. Schließe nun deine Augen und stelle dir vor, du stündest vor einer Tür, die in einen Keller führt. Da unser Unterbewusstsein in Bildern und Symbolen denkt und der Keller in der Traumdeutung mit dem Unterbewusstsein assoziiert wird, nutzen wir dieses Bild, um das Unterbewusstsein auf dem direktesten Weg erreichen zu können. Du öffnest nun die Tür und siehst eine Treppe mit 50 Stufen. Während du diese Stufen langsam hinuntergehst, zählst du jede Stufe mit und verbindest das Zählen wieder mit deiner Atmung – so, wie du es bereits aus den verschiedenen Meditations- und Atemtechniken kennst, die du gelernt hast. Dies dient dazu, dich in einen tiefenentspannten, leicht meditativen Zustand zu versetzen, indem dir der Zugang zum Unterbewussten leichter gelingt. Wenn du unten angekommen bist, findest du dich in einem großen Raum wieder. Wie dieser aussieht, ist sehr individuell, denn in den meisten Fällen nimmt die Meditation hier bereits eine Eigendynamik an. Sollte dies nicht geschehen, lass den Raum vor deinem geistigen Auge ganz nach deinen eigenen Vorstellungen entstehen. Wenn du in den Raum hineingehst, wirst du schnell die Anwesenheit einer anderen Person bemerken, diese Person stellt dein Unterbewusstsein dar. Sie sieht möglicherweise genauso aus wie du, vielleicht aber auch ganz anders, sie könnte sogar ein anderes Geschlecht haben. Auch hier gilt wieder, wenn sich noch keine Eigendynamik eingestellt hat, visualisiere die Person einfach so, wie es dir passend erscheint. In dem Raum gibt es zwei Stühle, die sich gegenüberstehen und auf die ihr euch nun setzt. Begrüße dein Unterbewusstsein nun mit Respekt und zeige deine Dankbarkeit dafür, dass es dich empfängt und dir zuhört.

Nun kannst du Fragen stellen oder eine Bitte ausrichten. Zum Training der gefühlsbetonten Intuition solltest du darum bitten, dass dein Unterbewusstsein dir im Traum alles zeigt, was dir bewusst entgangen ist und für dich von Bedeutung sein könnte. Bitte es außerdem darum, dass du dich nach dem Aufwachen an diese speziellen Träume erinnern kannst. Da diese Bitte zugegeben etwas vage ist und es nicht jeden Tag etwas Relevantes geben wird, worauf dein Unterbewusstsein dich aufmerksam machen kann, besteht die Möglichkeit, dass du nicht sofort Traumbotschaften erhältst. Deshalb kannst du diese Technik erst einmal mit einer anderen Frage testen. Hier eignet sich jede Frage, die du allein nicht beantworten kannst, genauso wie Probleme, zu denen dir keine Lösung einfällt. Bitte um Antwort im Traum und du wirst eine Antwort erhalten. Alles, was du dann noch tun musst, ist, diese Antwort entsprechend zu deuten. Das Unterbewusstsein denkt, wie bereits erwähnt, in Bildern und Symbolen, deshalb musst du lernen, seine Sprache auch zu verstehen. Botschaften aus dem Unbewussten sind nur selten so klar und direkt, wie in dem Beispiel mit dem Erdrutsch. Deshalb empfehle ich dir, dich neben deiner Ausbildung zum Medium auch mit Traumdeutung zu beschäftigen. Es gibt dazu zahlreiche gute Bücher und eine Vielfalt an Online-Traumsymbol-Datenbanken im Internet.

Wenn du deine Frage oder Bitte an dein Unterbewusstsein gerichtet hast, bedanke dich nochmals dafür, dass du wohlwollend empfangen wurdest, und verabschiede dich. Stehe nun auf und verlasse den Raum auf dem gleichen Weg, den du gekommen bist. Beim Aufsteigen der Treppe zählst du wieder in Verbindung mit deiner Atmung, so wirst du hinterher leicht und schnell einschlafen können und bist direkt bereit für den Empfang der erbetenen Botschaften.

Die innere Stimme – Intuition von außen

An zweiter Stelle kann man die Intuition in Form der sogenannten inneren Stimme nennen. Es handelt sich dabei um diese leise, aber meist recht eindringliche Stimme, die uns immer dann warnt, wenn wir dabei sind, etwas wirklich Dummes zu tun. Und da diese Stimme so leise ist, ist es auch sehr leicht, sie einfach zu ignorieren. Ich selbst habe viele Jahre gebraucht, um zu lernen, auf diese Form der Intuition zu hören. Obwohl ich diese innere Stimme jedes Mal relativ deutlich wahrgenommen habe, verhielt ich mich immer wie ein trotziges Kind und schaltete in den „Jetzt erst recht!-Modus". Gespräche mit anderen Menschen haben mir gezeigt, dass viele dieses Phänomen kennen und keiner sich so recht erklären kann, warum es so schwerfällt, auf diese Form der Intuition zu hören.

Immerhin weiß man ja spätestens nach dem dritten Mal aus Erfahrung, dass diese Stimme immer Recht behält. Inzwischen kann ich mir jedoch recht gut erklären, warum man nicht darauf hören will und warum manche Menschen diese innere Stimme so verabscheuen, dass sie sie vollständig verdrängen. Diese Form der Intuition stammt nämlich nicht von dir selbst, sie kommt nicht aus deinem Unterbewusstsein, sondern von außen. Es sind nämlich deine Geistführer, die hier zu dir sprechen, wodurch eine Art psychologischer Effekt entsteht. Unbewusst fühlst du nämlich ganz genau, dass hier eine höhere Autorität zu dir spricht. Das fühlt sich dann ein wenig – oder manchmal auch sehr stark – danach an, als wärst du wieder ein Kind und deine Eltern würden dir etwas vorschreiben oder es mal wieder besser wissen. Da ist die

Trotzreaktion direkt vorprogrammiert und ohne diese Erkenntnis und einen bewussteren Umgang mit dieser inneren Stimme gelingt es auch einfach nicht, darauf zu hören.

Den Zugang zur inneren Stimme erhöhen

Im Grunde bedarf es keiner Technik, um den Zugang zu deiner inneren Stimme zu verbessern. Denn selbst, wenn du diese bisher so verdrängt hast, dass du sie kaum hören kannst, ist sie immer da und das Problem liegt hauptsächlich darin, dass man sie nicht hören und beachten will. Es gilt also, deine Einstellung dazu zu verändern. Dazu musst du dir nur eine einfache Frage stellen: Willst du die Hilfe deiner Geistführer annehmen und davon profitieren oder möchtest du lieber weiterhin im Alleingang Fehler machen, die du hättest vermeiden können? Bedenke bitte auch, dass du für deine mediale Arbeit ohnehin lernen musst, mit deinen Geistführern zu arbeiten und zu kommunizieren, dies ist also der perfekte erste Schritt in diese Richtung. Du musst dazu nichts weiter tun, als mit ihnen zu sprechen, was du einfach in Gedanken tun kannst. Deine Geistführer können deine Gedanken hören, besonders dann, wenn du sie bewusst an sie richtest. Bitte sie zunächst um Verzeihung, falls du ihre Stimme bisher verdrängt oder nicht beachtet und einfach nicht auf sie gehört hast. Wenn dir danach ist, erkläre, warum du dich so verhalten hast.

Lausche dabei in dich hinein, es ist gut möglich, dass Antworten kommen. Diese hören sich genauso an, wie deine eigenen Gedanken, weshalb es nicht immer so einfach ist, beides voneinander zu unterscheiden. Einen kleinen Trick gibt es aber, der dir bei dieser Unterscheidung helfen kann. Wenn es sich um deine eigenen Gedanken handelt, sind diese immer in der ersten Person formuliert, also zum Beispiel, „Ich sollte dies tun...", etc. Wenn deine Geistführer zu dir sprechen, tun sie dies in der zweiten Person, sie sprechen dich direkt an, also, „Du solltest dies tun...". Möglicherweise fällt dir jetzt auf, dass du solche inneren Dialoge ohnehin schon häufiger führst und dir diese Besonderheit nur bisher nicht aufgefallen ist. Es handelt sich hier um eine Vorstufe des Channelings oder auch um simple telepathische Kommunikation.

Bitte deine Geistführer nun darum, dich in Zukunft verstärkt zu führen, versprich ihnen, dass du von nun an aufmerksamer auf ihre Botschaften achten wirst und ihren Ratschlägen auch folgen wirst. Lass ein Gespräch entstehen und sieh, was sie dir noch zu sagen haben. Diese Form der Kommunikation solltest du von nun an regelmäßig betreiben.

Intuition als gechannelte Information

Die dritte Form der Intuition äußert sich, indem man etwas einfach vollkommen sicher weiß, ohne dabei benennen zu können, woher dieses Wissen stammt. Diese Form tritt nur bei Menschen auf, deren mediale Fähigkeiten schon stark ausgereift sind, denn die Quelle ist hier eine vollkommen andere. Es handelt sich hierbei nämlich um Wissen, dass wir unbewusst aus der sogenannten Akasha-Chronik, wissenschaftlich als das morphogenetische Feld bezeichnet, herausgelesen haben. Die Theorie vom morphogenetischen Feld beschreibt ein energetisches Feld, in dem sämtliche Informationen über alles, was war, ist und jemals sein wird, gespeichert sind. In der Esoterikszene nennt man es die Akasha-Chronik, da ich diesen Begriff jedoch etwas unseriös finde, bleibe ich hier bei der wissenschaftlichen Bezeichnung.

Dieses Feld ist allgegenwärtig und wir können mit Hilfe medialer Fähigkeiten darauf zugreifen und so sämtliche Informationen erhalten, die wir benötigen. Hier wird kein Wesen aus einer anderen Dimension gechannelt, um Informationen zu erhalten, sondern es wird einfach direkt auf die Quelle aller Informationen zugegriffen. Das ist vergleichbar mit einer riesigen Datenbank, die man einfach auslesen kann, für mich ist dies meine bevorzugte Art des Channelns. Da es sich hierbei jedoch um eine Art des Channelns handelt, die rein unbewusst abläuft, ist es mir leider nicht möglich, dir im Zuge deiner Ausbildung eine geeignete Technik dafür an die Hand zu geben. Ich gehe jedoch stark davon aus, dass sich diese Fähigkeit mit zunehmender Schulung deiner Fähigkeiten von selbst ausbilden wird. Der Kontakt zum morphogenetischen Feld ist etwas, dass jedes Lebewesen ohnehin unbewusst herstellt, und zwar jederzeit. Je bewusster du durch deine Arbeit wirst, desto mehr wird diese Form der Intuition deshalb auch bei dir auftreten.

Das morphogenetische Feld:
Beim morphogenetischen Feld handelt es sich um eine Theorie des britischen Biologen Rupert Sheldrake. Er geht in seiner Theorie davon aus, dass es eine Art energetisches Feld geben muss, mit dem alle Lebewesen verbunden sind und aus dem Informationen jederzeit abgerufen werden können. Gestützt hat er diese Theorie mit zwei interessanten Feldversuchen:

Im ersten dieser Versuche brachten Wissenschaftler einer Gruppe von Affen auf einer vollkommen isolierten Insel bei, die Früchte, die ihnen als Nahrung dienten, vor dem Verzehr im Meer zu waschen. Nachdem die Tiere dieses neue Verhaltensmuster fest etabliert hatten, begannen plötzlich auch Affen der gleichen Art, die jedoch auf anderen Inseln lebten, dieses Verhalten zu zeigen, ohne dass es ihnen jemand beigebracht hätte oder sie Kontakt zur ersten Affengruppe gehabt hätten.

Der zweite Versuch beschäftigte sich mit Ratten, die in zwei Gruppen aufgeteilt wurden. Diese Gruppen wurden in weit voneinander entfernten Städten gehalten. Der einen Gruppe brachte man den Weg durch ein ganz bestimmtes Labyrinth bei. Nachdem diese Tiere in der Lage waren, auf Anhieb fehlerfrei den Ausgang zu finden, setzte man das exakt gleiche Labyrinth bei der Rattengruppe in der anderen Stadt ein. Diese wurden nicht trainiert, es zu bewältigen, konnten dies jedoch ebenfalls auf Anhieb fehlerfrei!

Diese beiden Versuche zeigen deutlich, dass es eine Art Feld geben musst, in dem Informationen für uns alle abrufbar gespeichert sind. Jedoch reichen diese allein nicht aus, um als wissenschaftlich haltbarer Beleg für die Theorie des morphogenetischen Feldes zu dienen. Deshalb ist dessen Existenz bis heute leider nicht wissenschaftlich anerkannt, während innerhalb der Esoterik schon lange vor Sheldrakes Theorie von einem solchen Feld ausgegangen wurde, eben unter der Bezeichnung der sogenannten Akasha-Chronik.

DEINE MEDIALE INITIATION

Sobald du die Techniken, die ich in diesem Kapitel vorgestellt habe, problemlos beherrschst, kannst du deine Grundlagenausbildung als abgeschlossen betrachten. Nun steht erst einmal etwas Besonderes an. Bei der Initiation handelt es sich üblicherweise um eine Art Aufnahmeritual. In den Stämmen der Naturvölker finden so zum Beispiel Rituale statt, bei denen sich die jungen Männer einer Prüfung unterziehen müssen, durch deren erfolgreichen Abschluss sie den Status eines Mannes erhalten. Im Wicca-Glauben und in den okkulten Mysterienbünden, wie zum Beispiel den Rosenkreuzern, finden ebenfalls Initiationen statt. Hier werden Neulinge von erfahrenen Mitgliedern des Kultes oder des Zirkels in die Kunst der Magie und die Grundlagen des Glaubens eingeweiht, was ebenfalls in Form eines bestimmten Rituals geschieht. Durch diese Form der Initiation sollen bei den neuen Mitgliedern die Fähigkeiten geweckt und diese gleichzeitig an die Gruppe, den Glauben und die Tradition gebunden werden. Die Initiation ist somit eine Einweihung und ein feierliches Versprechen, dessen Gültigkeit bis zum Tode besteht.

Für ein Medium ist eine solche Initiation keinesfalls üblich. Da Medien nicht in Gemeinschaften, sondern eher solo agieren, gibt es ja im Grunde auch niemanden, der sie einweihen könnte. Dennoch gibt es einen wichtigen Grund, warum eine solche Initiation am Anfang jedes medialen Weges stehen sollte. Bevor du beginnen kannst, dich diesem neuen Weg zu widmen, solltest du nämlich einige wichtige Grundlagen schaffen, zu denen im Besonderen drei Dinge gehören: Ernsthaftigkeit, Entschlossenheit und ein inneres Versprechen.

Du wirst auf deinem Weg immer wieder einmal mit Zweifeln konfrontiert werden. Diese werden aus den verschiedensten Richtungen kommen, manchmal von außen, durch andere Menschen, manchmal von dir selbst. Diese Zweifel können sehr starke, blockierende Energien aufbauen, die dafür sorgen, dass du scheinbar keinen Zugriff mehr auf deine Fähigkeiten hast. Das innere Versprechen dient somit dem Zweck, bereits zu Beginn deines Weges eine feststehende Entscheidung zu treffen, an die du dich bindest. Es handelt sich um die Entscheidung, unter allen Umständen an dich selbst und deine Fähigkeiten zu glauben. Glaube ist im medialen Bereich das Fundament, auf dem alles andere aufbaut. Wackelt dieser Glaube, zieht er alles andere in Mitleidenschaft.

Gleichermaßen wichtig wie der unerschütterliche Glaube an dich selbst und deine Fähigkeiten sind natürlich auch Ernsthaftigkeit und Entschlossenheit. Ernsthaftigkeit benötigst du, um nicht leichtsinnig zu werden und dich Gebieten der Medialität zuzuwenden, die für dich gefährlich werden könnten. Außerdem wirst du natürlich auf deinem Weg mit den verschiedensten Wesenheiten kommunizieren. Diesen solltest du mit dem ihnen gebührenden Respekt gegenübertreten. Entschlossenheit benötigst du, um deine regelmäßigen Übungen nicht schleifen zu lassen, wenn es mal schwierig wird oder du wenig Zeit hast. Doch auch wenn du an Grenzen oder auf Blockaden stößt, kann nur absolute Entschlossenheit dich weiterbringen. Diese drei wichtigen Grundlagen kannst du als die Grundsteine der Medialität betrachten und diese Grundsteine wirst du mit deiner persönlichen, medialen Initiation legen. Da du diese nicht mit anderen, erfahrenen Medien durchführen kannst, wird dieses Ritual gleichzeitig zur ersten Kontaktaufnahme mit deinen persönlichen Geistführern dienen.

Deine Geistführer sind Wesen, die dich von einer anderen Dimension aus anleiten, dich beschützen und auf deinem Weg führen. Jeder Mensch hat immer mehrere dieser Geistführer, die von Christen oder Moslems wohl am ehesten als Schutzengel bezeichnet werden würden. Es handelt sich hier jedoch nicht um tatsächliche Engel, sondern um die verschiedensten Wesenheiten. Manche von ihnen sind Verstorbene, andere haben bereits vor langer Zeit eine hohe Entwicklungsstufe erreicht und möchten nun den Menschen dienen und helfen. Als Medium wirst du mit der Gruppe deiner Geistführer in einem engen Kontakt stehen, dementsprechend macht es Sinn, diese gleich zu Beginn des Weges mit einzubeziehen. Bevor wir jedoch zur Durchführung deines Initiationsrituals kommen, geht es zunächst einmal um die richtige Vorbereitung. Das Ritual ist in seiner Gesamtheit aufwendig und benötigt deshalb gründliche Vorbereitungen. Auf diese Art werden dein Glaube, deine Ernsthaftigkeit und Entschlossenheit ein erstes Mal auf die Probe gestellt.

Das Initiationsritual selbst solltest du an einem Neumondtag durchführen und damit möglichst zum genauen Zeitpunkt des Neumonds beginnen. Die dafür notwendigen Daten findest du leicht mit Hilfe einer Suchmaschine heraus. Der Zeitpunkt des Neumonds steht symbolisch für einen Neubeginn und wird deiner Initiation zusätzliche Kraft verleihen. Da du also ohnehin nicht sofort damit beginnen kannst und auch noch Zeit für die Vorbereitung benötigst, solltest du die Zeit bis dahin außerdem nutzen, die Meditationsübungen in diesem Kapitel zu lernen, bis du sie sicher beherrschst. Für die Initiation ist es nämlich notwendig, dass du in der Lage bist, dich in einen tiefenentspannten, meditativen Zustand zu versetzen, der die Grundlage medialer Arbeit darstellt.

Dinge, die du benötigst

- Drei weiße Kerzen (keine Teelichter)
- Ein Teelicht
- Eine Duftlampe (für Duftöle, bekommst du in €-Shops)
- Drei Rosenblüten, die du vor dem Ritual trocknen musst
- Vogelsand
- Eine feuerfeste Schale oder einen großen, tiefen Teller
- Badesalz ohne chemische Zusätze (zum Beispiel reines Totes Meer Badesalz) oder alternativ ein Duschgel mit Salz (reine Naturkosmetik)
- Einen vollständigen Satz weiße Kleidung, inklusive Unterwäsche

Vorbereitung des Rituals

Zunächst einmal benötigst du natürlich einen geeigneten Ort, an dem du deine Initiation zum Medium durchführen kannst. Wichtig ist, dass dieser Ort geschützt ist, du jederzeit garantieren kannst, dass dich für die Dauer der Initiation niemand unterbricht und dass du dich absolut wohl und geborgen dort fühlst. Außerdem sollte der gewählte Raum eine möglichst ablenkungsfreie Atmosphäre gewährleisten, weshalb die freie Natur eher ungeeignet für dein Ritual ist. Am Abend vor deiner Initiation beginnst du zunächst damit, den Raum selbst vorzubereiten. Diese Vorbereitung beginnt mit einer gründlichen

Reinigung des Zimmers, staubsaugen und wischen, aufräumen. Der Raum sollte nach Fertigstellung so glänzen, als würden deine Schwiegereltern zu Besuch kommen. Der Grund für diese gründliche Reinigung liegt auf energetischer Ebene. Du möchtest keine negativen Energien an dem Ort haben, an dem deine Initiation stattfindet. Diese könnten unerwünschte Gäste anziehen, Wesenheiten, die sich von niederen Energien angezogen fühlen. Wenn der Raum gesäubert ist, bereitest du den Ritualplatz selbst vor, ob er in der Mitte des Raumes, auf dem Boden oder auf einem Tisch ist, bleibt dabei dir überlassen. Wähle auch hier wieder die Stelle, die dir am geeignetsten erscheint und an der du dich am wohlsten fühlst. Stelle nun die drei Kerzen nebeneinander auf, sie symbolisieren die Einheit von Körper, Seele und Geist. Unterhalb der Kerzen platzierst du die Duftlampe, deren Schale du mit Vogelsand füllst. Unten in die Lampe stellst du das Teelicht und die getrockneten Rosenblüten zerbröselst du und platzierst sie in einem kleinen Schälchen neben der Duftlampe. Nun stellst du noch die feuerfeste Schale bzw. den großen, tiefen Teller neben der Duftlampe auf und legst ein Feuerzeug oder Streichhölzer bereit. Damit ist die Vorbereitung des Ritualorts abgeschlossen. Verlasse den Raum nun und lass ihn verschlossen, bis du am nächsten Tag mit dem Ritual beginnst. Er sollte bis dahin von niemandem mehr betreten werden, um die Energien nicht wieder zu verunreinigen.

Dein Gelöbnis

Bei deinem Gelöbnis handelt es sich um ein feierliches Versprechen, das du vor dir, deinem höheren Selbst und deinen Geistführern während der Initiation abgibst. Schreibe den Text des Gelöbnisses selbst ab, auf linienlosem, schönem Papier, und lege es zu den anderen Gegenständen an dem Ritualplatz.

„Dieses Ritual soll den Beginn meines neuen Weges markieren. Ich gelobe hiermit feierlich, den vor mir liegenden Weg mit aller Ernsthaftigkeit und Entschlossenheit zu gehen, ungeachtet der Hindernisse, auf die ich dabei stoßen mag. Ich glaube daran, dass ich über die notwendigen Fähigkeiten verfüge, und verspreche, unaufhörlich daran zu arbeiten, diese zu verbessern. Ich glaube an die geistige Welt und die Wesen, die mich führen. Ich glaube daran, dass die mediale Arbeit Teil meines Seelenplans ist, und gelobe, mein Leben lang an diesem Plan festzuhalten. Der Weg des Mediums ist ein Weg der Reinheit und der Liebe. Deshalb gelobe ich, die Fähigkeiten, die ich auf diesem Weg erlerne, niemals zu missbrauchen und immer nur zum höchsten Wohle aller Beteiligten einzusetzen. Ich bitte nun meine Geistführer, sich mit mir zu verbinden, mich ihre Liebe spüren zu lassen und diese Initiation zu vollenden."

Persönliche Vorbereitung

Am Ritualtag selbst beginnt nun deine persönliche Vorbereitung. Du beginnst mit einer gründlichen Reinigung deines Körpers. Wenn du über eine Badewanne verfügst, solltest du ein Bad mit dem Toten Meer Salz machen. Salz neutralisiert sehr effektiv jede Form von negativer Energie und wirkt außerdem schützend. Alternativ kannst du natürlich auch duschen und dich mit einem salzhaltigen Duschgel reinigen. Gehe sehr gründlich vor bei deiner persönlichen Reinigung und visualisiere dabei, wie das Salz negative Energien in Form von schwarzer Energie aus deinem Körper zieht und diese vom Wasser aufgenommen und fortgespült wird. Nutze nach dem Baden oder Duschen keine Cremes oder Ähnliches, da es wichtig ist, dass du energetisch absolut rein bist. Heute sind keine Kosmetika erwünscht, besonders keine, die nicht vollkommen natürlich sind! Wenn du mit deiner Reinigung fertig bist, ziehst du den Satz weißer Kleidung an, die fortan nur für deine mediale Arbeit bestimmt ist. Sie symbolisiert ebenfalls Reinheit sowie Klarheit des Geistes und wird die Energien, die bei der Initiation und bei der späteren, medialen Arbeit entstehen, effektiv aufnehmen und speichern.

Die Durchführung des Initiationsrituals

Wenn du dich gereinigt hast und bereit fühlst, dein Initiationsritual zu beginnen, begibst du dich in den von dir vorbereiteten Raum und machst es dir vor dem Ritualplatz bequem. Du kannst dich im Lotus- oder Schneidersitz hinsetzen, was einen meditativen Zustand fördern kann, dies ist jedoch kein Muss. Wichtig ist nur, dass du bequem, aber aufrecht sitzt. Wenn du möchtest und es dich nicht zu sehr ablenkt, kannst du auch leise eine ruhige Musik laufen lassen, zum Beispiel New Age oder Meditationsmusik. Beginne nun, indem du als Erstes die drei Kerzen entzündest. Mache das mit Ruhe und fokussiere dich dabei bewusst auf den Grund deines Handelns. Du beginnst mit dem Anzünden der Kerzen dein persönliches Initiationsritual, dies ist ein bedeutungsvoller Schritt! Wenn die Kerzen brennen, entzünde das Teelicht in der Duftlampe und streue die zerbröselten Rosenblüten auf den Sand. Sobald der Sand sich durch das Kerzenlicht erwärmt hat, wird ein lieblicher Rosenduft den Raum erfüllen. Dieser Duft dient als herzöffnendes Medium und zieht gleichzeitig sehr positive Energien für dein Ritual an. Nutze bitte unbedingt echte Rosenblüten und kein Aromaduftöl, damit die Wirkung sich wie gewünscht entfalten kann!

Nachdem nun deine Kerzen brennen und der Raum sich langsam mit Rosenduft füllt, beginnst du zunächst, dich mit einer der Meditationsübungen aus diesem Kapitel in einen tiefenentspannten Zustand zu versetzen. Nimm dir dabei so viel Zeit, wie du möchtest. Je mehr Ruhe und Konzentration du aufbauen kannst, desto besser. So erhöhst du die Chancen, nach deiner Initiation auch bewussten Kontakt zu deinen Geistführern aufbauen zu können. Wenn du so weit bist, beginnst du damit, zunächst dein höheres Selbst und deine Geistführer zu dir zu rufen. Du kannst dies in Gedanken und ganz formlos tun. Bitte sie einfach, sich für diese Initiation zu dir zu gesellen und dir dabei zu helfen. Stell dir vor, wie sie sich um dich herum aufbauen, dein höheres Selbst dir gegenüber, hinter den drei Kerzen und deine Geistführer umringen den Ritualplatz. Du musst an dieser Stelle keine klare bildliche Vorstellung davon haben, wie deine Geistführer oder dein höheres Selbst aussehen, sei dir einfach ihrer Anwesenheit bewusst und visualisiere sie so, wie es dir spontan in den Sinn kommt.

Wenn du ihre Anwesenheit deutlich spüren kannst und dich ruhig und zentriert fühlst, ist es an der Zeit, zu beginnen. Nimm dir den Zettel mit deinem Gelöbnis zur Hand und lies ihn langsam, laut und deutlich vor. Fühle, was du da sprichst, und gib alles, um emotional auch hinter diesen Worten zu stehen. Atme anschließend tief durch, entzünde den Zettel mit dem bereitgelegten Feuerzeug oder den Streichhölzern und lege ihn in die feuerfeste Schale. Achte darauf, dass er vollständig verbrennt, denn das Verbrennen deines Gelöbnisses symbolisiert einen endgültigen Vertragsabschluss. Während du in die Flammen blickst, lasse dir die Worte und die Bedeutung deines Gelöbnisses noch einmal durch den Kopf gehen, spüre dabei die Feierlichkeit dieses Augenblicks. Sobald das Gelöbnis vollständig verbrannt ist, legst du, falls notwendig, noch einige Rosenblüten nach. Dann schließt du deine Augen, entspannst dich wieder und sagst in Gedanken folgende Autosuggestion: „Ich öffne mich nun für alles, was meine Geistführer und mein höheres Selbst mir mit auf den Weg geben wollen!“

An dieser Stelle ist es wichtig, dass du vollkommen entspannt und geöffnet bist. Entwickle bitte keinerlei Erwartungshaltung, was nun geschehen könnte oder sollte, damit würdest du dich nämlich automatisch für alles blockieren, was tatsächlich geschehen will. Je nachdem, wie sensibel du bereits bist, ist jetzt alles möglich: Möglicherweise spürst du, wie du von einer unglaublich tiefen Liebe durchdrungen wirst, vielleicht hörst du sogar Worte in deinem Kopf oder es treten seltsame und unbekannte Körpergefühle auf. Vielleicht spürst du aber auch gar nichts, das bedeutet jedoch keinesfalls, dass nichts geschieht, sondern lediglich, dass du noch nicht ausreichend sensibilisiert bist, um es wahrnehmen zu können. Deshalb solltest du dieses Ritual erst ausklingen lassen, wenn du anschließend noch eine ganze Weile in tiefer Meditation verbracht hast. Warte darauf, dass du einen plötzlichen Impuls zum Beenden des Rituals verspürst, dieser wird auf jeden Fall kommen. Lösche dann die Kerzen aus, räume den Ritualort auf und lüfte den Raum gründlich. Lass das Ritual anschließend noch nachwirken und spüre in dich hinein. Lenke dich nicht sofort mit anderen Tätigkeiten ab, sondern gib dem eben Erlebten den Raum, zu wirken und sich zu setzen.

ARBEITSPLAN FÜR DEINE GRUNDAUSBILDUNG

Der folgende Wochenarbeitsplan soll dir als Hilfestellung dienen, deine Lerninhalte so zu planen, dass sie abwechslungsreich gestaltet und sinnvoll aufeinander aufgebaut sind. Deshalb enthält er Vier-Wochen-Trainingspläne mit jeweils einzelnen Trainingsphasen. Geplant sind hier jeweils fünf Tage die Woche mit jeweils vier Übungseinheiten pro Tag, so kannst du deine mediale Ausbildung selbst dann problemlos in deinen Alltag integrieren, wenn du Vollzeit arbeitest. Du kannst den Plan einfach ausdrucken und bei dir zu Hause aufhängen, so gerät nichts in Vergessenheit und du hast jederzeit einen guten Überblick über dein Trainingspensum. Selbstverständlich kannst du den vorliegenden Plan nach deinen persönlichen Bedürfnissen anpassen und die einzelnen Einheiten umstellen oder auf andere Tageszeiten verlegen. Du kannst auch die Zahl der geplanten Einheiten erhöhen, wenn du mehr Zeit hast, übertreibe es jedoch bitte nicht! Du solltest maximal doppelt so viele Trainingseinheiten einplanen, damit du dich selbst nicht überforderst, was lediglich zu Blockaden und Energieverlust führen würde.

Trainingsplan Woche 1

	Montag	Dienstag	Mittwoch	Donnerstag	Freitag
Nach dem Aufwachen	Eine der vorgestellten Meditations- oder Atemtechniken	Intuitionstraining	Eine der vorgestellten Meditations- oder Atemtechniken	Intuitionstraining	Eine der vorgestellten Meditations- oder Atemtechniken
Frei wählbare Zeit im Laufe des Tages	Authentizitätstraining	Wahrnehmungstraining optischer Sinn	Authentizitätstraining	Wahrnehmungstraining optischer Sinn	Wahrnehmungstraining optischer Sinn
Vor dem Einschlafen	Intuitionstraining Selbstreflektion	Eine der vorgestellten Meditations- oder Atemtechniken Selbstreflektion	Intuitionstraining Selbstreflektion	Eine der vorgestellten Meditations- oder Atemtechniken Selbstreflektion	Intuitionstraining Selbstreflektion

Trainingsplan Woche 2

	Montag	Dienstag	Mittwoch	Donnerstag	Freitag
Nach dem Aufwachen	Eine der vorgestellten Meditations- oder Atemtechniken	Wahrnehmungstraining akustischer Sinn	Wahrnehmungstraining optischer Sinn	Wahrnehmungstraining akustischer Sinn	Eine der vor-gestellten Meditations- oder Atemtechniken
Frei wählbare Zeit im Laufe des Tages	Authentizitätstraining	Wahrnehmungstraining olfaktorischer Sinn	Wahrnehmungstraining akustischer Sinn	Wahrnehmungstraining olfaktorischer Sinn	Authentizitätstraining
Vor dem Einschlafen	Eine der vor-gestellten Me-ditations- oder Atemtechniken Selbstreflektion	Intuitionstraining Selbstreflektion	Eine der vor-gestellten Me-ditations- oder Atemtechniken Selbstreflektion	Intuitionstraining Selbstreflektion	Eine der vor-gestellten Me-ditations- oder Atemtechniken Selbstreflektion

Trainingsplan Woche 3

	Montag	Dienstag	Mittwoch	Donnerstag	Freitag
Nach dem Aufwachen	Eine der vorgestellten Meditations- oder Atemtechniken	Wahrnehmungstraining optischer Sinn	Eine der vorgestellten Meditations- oder Atemtechniken	Wahrnehmungstraining aller Sinne	Eine der vorgestellten Meditations- oder Atemtechniken
Frei wählbare Zeit im Laufe des Tages	Wahrnehmungstraining olfaktorischer Sinn	Authentizitätstraining	Wahrnehmungstraining akustischer Sinn	Authentizitätstraining	Wahrnehmungstraining taktiler Sinn
Vor dem Einschlafen	Intuitionstraining Selbstreflektion	Eine der vorgestellten Meditations- oder Atemtechniken Selbstreflektion	Intuitionstraining Selbstreflektion	Eine der vorgestellten Meditations- oder Atemtechniken	Intuitionstraining Selbstreflektion

Trainingsplan Woche 4

	Montag	Dienstag	Mittwoch	Donnerstag	Freitag
Nach dem Aufwachen	Eine der vorgestellten Meditations- oder Atemtechniken	Wahrnehmungstraining olfaktorischer Sinn	Eine der vorgestellten Meditations- oder Atemtechniken	Wahrnehmungstraining akustischer Sinn	Eine der vorgestellten Meditations- oder Atemtechniken
Frei wählbare Zeit im Laufe des Tages	Wahrnehmungstraining taktiler Sinn	Wahrnehmungstraining aller Sinne	Authentizitätstraining	Wahrnehmungstraining aller Sinne	Authentizitätstraining
Vor dem Einschlafen	Intuitionstraining Selbstreflektion	Eine der vorgestellten Meditations- oder Atemtechniken Selbstreflektion	Intuitionstraining Selbstreflektion	Eine der vorgestellten Meditations- oder Atemtechniken Selbstreflektion	Intuitionstraining Selbstreflektion

Deine mediale Ausbildung: Techniken der Medialität

Du hast nun vier Wochen intensives Training hinter dir, während der du dir die wichtigsten grundlegenden Fähigkeiten angeeignet hast. Solltest du dich nach vier Wochen noch nicht sicher genug in der Anwendung einiger Techniken fühlen, ist dies überhaupt kein Problem. Du kannst das Training der Grundausbildung so lange fortführen, bis du sämtliche Techniken im Schlaf beherrschst. Das ist der Vorteil einer autodidaktischen Ausbildung, du kannst dir so viel Zeit lassen, wie du individuell benötigst, wodurch der sichere Erfolg der Ausbildung auf jeden Fall gewährleistet wird.

Wichtig ist nur eines, bevor du mit der eigentlichen Ausbildung beginnst, sollten diese Grundlagen wirklich sitzen, denn von nun an lernst du fortgeschrittene Techniken, die dich darauf vorbereiten werden, Nachrichten von beliebigen Quellen channeln zu können. Darum wird es jedoch erst im nächsten Kapitel gehen, denn zunächst gilt es, die Grundlagen der Trancearbeit zu erlernen und gleichzeitig auch, zu lernen, deine eigenen Energien zu steuern und zu kontrollieren. Dies ist ein zentraler Punkt in der Arbeit als Medium, denn du wirst im Zuge medialer Arbeit mit den verschiedensten Energien und Wesenheiten konfrontiert werden.

Dabei wird es sich leider nicht immer um positive Energien handeln und solche eher negativen Energien begegnen dir auch durch andere Menschen oder manchmal durch bestimmte Orte häufig genug. Es ist essenziell, dass du in der Lage bist, zu erkennen, wenn dich energetisch etwas „herunterzieht" und dass du im entsprechenden Falle gegensteuern kannst. Dabei geht es nicht nur darum, dass es dir gut gehen soll und du nicht unter deiner medialen Arbeit leiden sollst, sondern es gibt noch einen weiteren, wichtigen Punkt zu beachten. Das Channeln ist ein Vorgang, der auf energetischen Prinzipien basiert. Du kannst dir das so vorstellen, als wärst du ein Radio, über das Nachrichten übertragen werden, zum Beispiel eine Radiosendung. Ein solches Radio kann aber immer nur den Sender empfangen, auf dessen Frequenz es eingestellt ist. Übersetzt man diese Metapher auf die Tätigkeit als Channel-Medium, ist es ganz simpel: Wenn du selbst in einer niedrigen, energetischen Frequenz versuchst, zu channeln, wirst du auch nur entsprechend niedrigschwingende Wesen anziehen. Die geistige Welt ist jedoch nicht nur bevölkert von Engeln und Geistführern, es gibt eine unendliche Vielzahl an Wesenheiten und eine große Anzahl dieser Wesen meint es nicht gerade gut mit den Menschen.

Viele von ihnen ernähren sich von niedrig schwingenden Energien wie Angst, Leid, Wut oder Hass. Andere machen sich einen Spaß daraus, den Empfänger der Botschaften hinters Licht zu führen. Schon manches Medium hat geglaubt, einen Erzengel zu channeln, und ist dabei an ein eher übelwollendes Wesen geraten, das nur vorgab, besagter Erzengel zu sein. Das Ziel solcher Wesen ist es immer, sich durch den aufgebauten Kontakt dauerhaft an den Empfänger zu haften und von dessen Lebensenergie zehren zu können. Bis der Empfänger dann merkt, was geschehen ist, ist er meist so entkräftet, dass er das Wesen ohne fremde Hilfe nicht mehr loswird. Ich schreibe diese eindringliche Warnung nicht, um dir Angst zu machen oder dich zu entmutigen. Es geht mir vielmehr darum, dich entsprechend auf den Ernst und die Gefahren dieser Arbeit hinzuweisen, damit du dich richtig vorbereiten und solche Fehler vermeiden kannst. Wenn du deinen Energiekörper kennst und in der Lage bist, deinen Energiehaushalt zu meistern, bist du bei deiner Arbeit keinen Gefahren ausgesetzt. Es ist lediglich unerlässlich, seine eigenen Grenzen zu kennen, zu respektieren und zum Beispiel nicht gerade dann zu channeln, wenn man krank ist und entsprechend niedrig schwingt. Die Techniken und Übungen in diesem Kapitel bauen wieder aufeinander auf und sollten deshalb in der vorgegebenen Reihenfolge angegangen und trainiert werden. Du wirst auch am Ende dieses Kapitels wieder einen Wochenarbeitsplan vorfinden, der dir hilft, deine Arbeit und dein Training abwechslungsreich zu gestalten und konsequent abzuarbeiten.

ABSCHIRMUNG VON STÖRENDEN EINFLÜSSEN

Wenn du medial arbeiten möchtest, ist es besonders wichtig, dass du lernst, dich von störenden Einflüssen abzuschirmen. Hierbei kann es sich um negative Energien von deinen Mitmenschen oder von Wesen aus anderen Dimensionen handeln, aber auch genauso gut um die Gefühle und Gedanken anderer Menschen. Diese Technik ist deshalb besonders für Hochsensible essenziell, denn wenn du hochsensibel bist und diese Technik beherrschst, schenkt dir das eine bisher nicht gekannte Freiheit. Aber auch, wenn du nicht hochsensibel bist, bedeutet das nichts anderes, als dass deine medialen Fähigkeiten noch nicht geweckt sind oder, anders gesagt, deine Sinne und deine Wahrnehmung funktionieren noch auf einem Level, welches dem Normalmaß entspricht. Mit zunehmendem Training werden sich deine Sinne und damit auch deine Wahrnehmung jedoch immer mehr sensibilisieren und verfeinern. Aus diesem Grund wirst du auf die gleichen Probleme stoßen wie hochsensible Menschen sie bereits kennen und wie wir sie im Kapitel über Hochsensibilität schon besprochen haben. Für mich selbst war das Erlernen dieser Technik vergleichbar mit einem absoluten Durchbruch, da sie mir ermöglichte, mich endlich größeren Menschengruppen aussetzen zu können, ohne meine innere Balance zu verlieren.

Du solltest diese Methode in zwei Stufen erlernen und aufbauen, um sie möglichst schnell beherrschen zu können. Sie trainiert nebenbei auch noch deine Visualisierungsfähigkeiten, die ja, wie ebenfalls schon erwähnt, ein Grundstein für die Nutzung medialer Fähigkeiten sind. Die Durchführung ist relativ einfach und schnell, die Wirksamkeit steigt mit der Intensität deiner Fähigkeit der Visualisierung. Du kannst sie jederzeit und überall anwenden, wobei sie natürlich besonders für Situationen gedacht ist, in denen du dich größeren Menschengruppen aussetzen musst. Da du nur wenige Minuten benötigst, kannst du sie deshalb auch unterwegs anwenden.

Die Schutzblase – Stufe 1

Schließe nun deine Augen und komme innerlich zur Ruhe. Wenn du möchtest, kannst du mit der Durchführung der Technik des inneren Ruhepols beginnen, dies ist aber kein Muss. Sobald du ruhig und entspannt bist, stellst du dir ein goldenes Licht in der Mitte deines Brustkorbs vor. Das Licht hat zu Beginn ungefähr die Größe eines Tennisballs und deine Aufgabe ist es nun, diesen Lichtball wachsen zu lassen.

Dafür genügt einfach die Intention, dies zu tun. Beobachte nun, wie der Lichtball immer größer wird und sich zuerst über deinen Brust- und Bauchraum ausdehnt. In diesem Stadium reicht das Licht schon über die Grenzen deines Körpers hinaus, lass es weiterwachsen, bis auch deine Beine, Arme und der Kopf davon eingehüllt sind. Vergrößere das Licht noch weiter, bis du im Umkreis von mindestens einem Meter von dem Licht umgeben bist. Beobachte, wie der Ausganspunkt der Mitte deines Brustkorbs besonders hell strahlt und wie warm und einladend der erweiterte Radius aus Licht wirkt, der dich nun umgibt. Jetzt musst du noch eine Intention setzen, dies kannst du am einfachsten in Form einer Autosuggestion tun, die du dreimal in Gedanken wiederholst: „Diese Lichtblase schützt mich vor fremden Energien, nichts kann sie von außen durchdringen. Sie bleibt so lange bestehen, bis ich sie auflöse." Atme nun ein paarmal tief durch und öffne deine Augen.

Die erste Stufe dieser Technik hast du damit erfolgreich durchgeführt und solltest nun zunächst testen, wie verändert es sich anfühlt, unter Menschen zu gehen. Du wirst mehr innere Ruhe verspüren, dich zentrierter und mehr geerdet fühlen, auch in größeren Menschenmengen. Wenn du hochsensibel bist, wird der Unterschied zu vorher so deutlich und stark sein, dass du es fast nicht glauben kannst. Doch hat diese Technik einen Nachteil, sie benötigt eine Menge Energie. Besonders zu Beginn, wenn du noch nicht geübt bist und auch noch nicht mit deinem Energiekörper gearbeitet hast, wird die Schutzblase sich trotz gesetzter Intention relativ schnell auflösen und du wirst dich dann relativ erschöpft fühlen. Das ist vollkommen normal und je effektiver du lernst, mit deinem Energiekörper zu arbeiten und dich in dieser Technik übst, desto länger wird der Schutz halten.

Dennoch solltest du gerade zu Beginn darauf achten, die Schutzblase nur kurz aufrecht zu erhalten und sie wieder aufzulösen, sobald du sie nicht mehr benötigst. Dies kannst du ganz einfach tun, indem du deine Augen wieder schließt und die Schutzblase aus Licht wieder vor deinem inneren Auge entstehen lässt. Sobald du sie klar erkennen kannst, lässt du sie wieder schrumpfen, bis nur noch der Lichtball in der Mitte deines Brustkorbs zu sehen ist. In Stufe zwei kannst du diese Technik noch etwas erweitern, um dem Problem des erhöhten Energieverbrauchs entgegenzuwirken. Ich rate dir jedoch, damit zu warten, bis du die Durchführung von Stufe eins sicher beherrscht, denn die erweiterte Variante könnte man auch als die Fortgeschrittenen-Variante bezeichnen, da die erweiterte Visualisierungs- und Konzentrationsfähigkeit voraussetzt.

Die Schutzblase – Stufe 2

In Stufe zwei gehst du zunächst genauso vor, wie in Stufe eins und führst diese bis zum Ende durch, lässt jedoch das Setzen der Intention mit Hilfe der Autosuggestion zunächst weg. Wenn du die Lichtblase, die dich im Abstand von einem Meter umhüllt, deutlich vor deinem inneren Auge sehen kannst, gilt es nun, dieses Bild zu erweitern. Dafür stellst du dir zunächst vor, wie der äußere Rand der Lichtblase heller wird und diese wie eine Art Kruste umgibt. Diese strahlt heller als der Rest der Blase, genauso hell wie der Ausganspunkt im Zentrum deines Brustkorbs.

Nun veränderst du diesen Rand, indem du ihn dir als ein feines Gitter oder Maschennetz vorstellst, so dass er leicht durchlässig deine Schutzblase umhüllt, während er gleichzeitig mit ihr verbunden ist. Stell dir dieses Gitternetz als eine Art Filter vor, dessen Funktion du durch eine erweiterte Intention, in Form einer gedanklich wiederholten Autosuggestion, definierst: „Diese Lichtblase schützt mich vor fremden Energien. Diese durchdringen den äußeren Filter und werden von ihm transformiert. Die so gewonnene Energie verstärkt die Lichtblase." Mit dieser neuen Variante wird deine Schutzblase um einiges effektiver, sie wird länger bestehen bleiben und du wirst hinterher weniger erschöpft sein. Wenn du sehr geübt bist in dieser Variante und gleichzeitig gelernt hast, mit deinem Energiekörper zu arbeiten, kannst du diese Schutzblase für viele Stunden aufrechterhalten, ohne dich hinterher noch ausgelaugt zu fühlen. Denke trotzdem bitte immer daran, sie wieder aufzulösen, wenn du sie nicht mehr benötigst. Das Auflösen der Blase hat nämlich einen ganz praktischen Grund. Auch wenn sie dich irgendwann keine Energie mehr kosten wird, möchtest du dich dennoch nicht dauerhaft von allen äußeren Einflüssen abschirmen. Dies würde nämlich deiner eigentlichen Intention, medial zu arbeiten, im Wege stehen, da deine erweiterte Wahrnehmung, während der Schutz besteht, natürlich eingeschränkt ist.

Die Schutzblase dient somit nicht als Schutz, während du medial arbeiten willst, sondern vielmehr deinem grundsätzlichen Schutz. Sie schützt dich vor einer Überladung deiner Sinne, wenn du gerade nicht medial arbeiten oder von der anderen, geistigen Welt gerade einfach nichts mitbekommen willst. Sie dient auch als Schutz vor negativen Ortsenergien, den Energien und Gefühlen anderer Menschen und Wesenheiten aus anderen Dimensionen und vor Energievampiren. Auf diese Art verlierst du nicht mehr täglich unnötig Energie und kannst deine Energien dann, wenn du sie wirklich benötigst, gebündelt einsetzen.

Zum Abschluss möchte ich dir noch eine Anwendungsmöglichkeit dieser Blase verraten, die sehr praktisch sein kann und wirklich Spaß macht. Wenn diese Blase sehr stark ist, können andere Menschen sie nämlich sehr deutlich spüren und sie werden ihr ausweichen, auch wenn ihnen nicht bewusst ist, was da gerade abläuft. Die praktische Nutzung dieses Effekts möchte ich kurz an einem persönlichen Beispiel demonstrieren:

Seit ich diese Technik beherrsche, ist es mir endlich möglich, größere Veranstaltungen aufzusuchen, weshalb ich hin und wieder Konzerte meiner Lieblingsband besuche. Da ich keine große Lust verspüre, schon Stunden vor Einlass zu warten, ich aber trotzdem in der ersten Reihe stehen möchte, nutze ich ganz einfach die Blase und ihre Wirkung auf andere Menschen, um problemlos in die erste Reihe zu gelangen, auch wenn die Halle schon voll ist. Dafür halte ich mich zunächst im hinteren Bereich auf, wo weniger Gedränge herrscht, und lasse mich emotional von der Musik aufladen. Das bedeutet, ich lasse mich bewusst in die Musik, die ja meine Lieblingsmusik ist, fallen und baue so eine Menge positive Energie auf. Dann beginne ich damit, die Schutzblase aufzubauen und dehne diese bis auf mindestens 1,5 Meter um mich herum aus. Ich nehme mir dafür extra viel Zeit und gehe gleichzeitig in eine Trance, was durch die laute Musik und die Stimmung sehr leicht ist. Wenn ich spüre, dass die Blase stark und stabil ist und ich durch die Trance einen geistigen Schwebezustand erreicht habe, mache ich mich auf den Weg in die erste Reihe. Die Menschen weichen mir nun aus, sogar ohne mich sehen zu können, da ich ja von hinten komme. Auf diese Art entsteht vor mir ein Gang in der Breite meiner Blase, durch den ich bequem nach vorne gelangen kann, und auch wenn ich dort angelangt bin, habe ich genügend Freiraum und niemand kommt mir zu nahe.

Entdeckt habe ich diesen Effekt durch Zufall, er ist überall anwendbar und gelingt umso besser, je besser du dich fühlst. Ich rate dir dringend, dies bei Gelegenheit einmal auszuprobieren, denn nichts wirkt dauerhaft besser gegen die immer wieder einmal aufkommenden Zweifel an deinen eigenen Fähigkeiten, als diesen kraftvollen Effekt einmal hautnah erleben zu können!

ENERGETISCHE REINIGUNGEN

Genauso wichtig wie die Fähigkeit, dich von störenden oder negativen Energien abschirmen zu können, ist es, in der Lage zu sein, Orte, Personen oder Gegenstände von negativen Energien befreien zu können. Wir alle sind ständig von niedrig schwingenden Energien umgeben, denn da es sich dabei um eine sehr langsame Schwingung handelt, ist sie auch nicht besonders flüchtig und setzt sich überall dort fest, wo sie auftritt: An Gegenständen, Orten und Personen. Dies geschieht alltäglich, manchmal durch Kleinigkeiten wie Streit oder schlechte Laune, manchmal aber auch durch Unfälle, Tragödien oder Gewalttaten. Orte, an denen über einen längeren Zeitraum negative Dinge geschehen sind, laden sich dabei so stark mit diesen Energien auf, dass es spürbar wird. In solchen Fällen kann es sogar dazu kommen, dass die vor Ort gebundenen Energien noch mehr Gewalt oder Tragödien erzeugen, einfach weil diese Energien die Menschen, die sich an den Ort begeben, unbewusst beeinflussen.

Ich habe ja bereits des Öfteren erwähnt, wie wichtig es ist, dass du für deine mediale Arbeit deine energetische Frequenz möglichst hochschwingend hältst, deshalb sollten energetische Reinigungen von nun an zu deinem Alltag gehören. In den meisten Fällen sind diese Reinigungen einfach und nehmen nicht viel Zeit in Anspruch, erst wenn du es mit wirklich hartnäckigen und stark aufgeladenen Energien zu tun bekommst, wird auch die Reinigung um einiges aufwendiger. Ich werde dir nun im Folgenden die verschiedenen Möglichkeiten energetischer Reinigungen vorstellen.

Energetische Reinigung von Orten und Gegenständen im Alltag

Besonders, wenn es um deine eigene Wohnung, deine Kleidung und deine Alltagsgegenstände wie Schmuck und Accessoires geht, ist eine regelmäßige Reinigung dringend empfehlenswert. Dies gilt für alle Gegenstände, mit denen du regelmäßig in Berührung kommst, und sämtliche Räume, die du regelmäßig betrittst. Diese Form der energetischen Reinigung lässt sich wunderbar mit deiner normalen Hausarbeit, also dem Putzen und Aufräumen, verbinden, weshalb sie keinen großen Zusatzaufwand bedeutet.

Möbel, Kissen und Gegenstände verlieren ihre energetische Ladung bereits, wenn sie bewegt oder abgeklopft werden. Einfache Gegenstände, wie zum Beispiel Edelsteine, lassen sich auch sehr gut unter fließendem, kaltem Wasser energetisch reinigen. Um deine Kleidung energetisch rein zu halten, gibst du einfach einen Teelöffel Salz zu jeder Ladung Wäsche. Deiner Waschmaschine schadet das kein bisschen und je sensibler du wirst, desto mehr wirst du den Unterschied spüren können. Salz ist eines der besten Mittel, um negative Energien zu neutralisieren und fernzuhalten. Achte nur immer darauf, kein industriell verarbeitetes Salz zu verwenden, sondern ein rein natürliches, wie Alexandersalz oder Totes Meer Salz. Indem du also regelmäßig putzt und aufräumst, entledigst du dich schon einmal dem größten Teil aufgestauter, negativer Energie, wichtig ist dabei auch, hinterher jedes Mal gründlich zu Lüften, damit diese Energien auch aus deiner Wohnung entweichen können.

Wenn es einmal wirklich Streit in deinen Räumlichkeiten gab, empfehle ich eine gründliche Räucherung mit getrocknetem Salbei. Diesen erhältst du im Esoterikfachhandel und auch hier achte bitte auf reine Naturprodukte. Damit ist gemeint, dass du nicht auf Räucherstäbchen oder -kegel zurückgreifen solltest, da diese immer mit künstlichen Duftstoffen versehen und somit kaum wirksam sind. Verwende einfache, getrocknete Salbeiblätter, am besten weißen Räuchersalbei. Diese kannst du in einer Räucherschale oder einem tiefen Teller auf Sand und Kohle verräuchern. Eine solche Reinigungsräucherung vertreibt selbst stark aufgeladene Energien, die durch Streit oder andere negative Ereignisse hervorgerufen wurden. In ganz schweren Fällen kannst du statt Salbei auch schwarzen Pfeffer verräuchern, es gibt nichts, was diesem standhält! Allerdings ist hier zur Vorsicht geraten, du solltest während des Räucherns einen Atemschutz tragen und hinterher lange und gründlich lüften, der Rauch ist stark beißend.

Energetische Reinigung von Personen

Auch die energetische Reinigung von Personen ist grundlegend recht simpel. Wasser und Salz sind hier die Mittel der Wahl, dabei kannst du vorgehen, wie in der Vorbereitung zu deiner medialen Initiation beschrieben. Eine andere Möglichkeit der energetischen Personenreinigung besteht im Ausräuchern der Aura mit weißem Salbei. Wie du deinen Energiekörper reinigst, erfährst du in einem späteren Kapitel. Wenn du jedoch eine andere Person als dich selbst energetisch von negativen Einflüssen reinigen möchtest, gibt es auch noch die Möglichkeit einer Reinigungsmeditation. Diese empfiehlt sich, wenn jemand über lange Zeit negativen Einflüssen ausgesetzt war und bereits Psyche und Gesundheit der Person darunter zu leiden beginnen.

Hierfür begibst du dich zunächst in einen meditativen Zustand und visualisierst die betreffende Person dann vor deinem geistigen Auge. Stell dir nun vor, wie sowohl aus dem Himmel als auch aus der Erde ein dichter Strahl goldenen Lichts austritt, das diese Person vollständig einhüllt. Du beobachtest nun, wie sich aus der Person heraus winzige schwarze Pünktchen zu lösen beginnen, die aussehen wie winzige Insekten. Diese werden von dem goldenen Licht aus der Person herausgesogen und lösen sich darin auf. Fahre mit dieser Visualisierung fort, bis nur noch das goldene Licht zu sehen ist, und stelle dir dann vor, wie dieses in den Menschen eindringt und ihn von innen heraus leuchten lässt. Kehre dann langsam wieder in die alltägliche Wirklichkeit zurück. Für diese Art der Reinigung solltest du unbedingt die Erlaubnis der betreffenden Person haben und diese außerdem dazu anhalten, sich zusätzlich regelmäßig mit Wasser und Salz energetisch zu reinigen, wie du es gelernt hast.

Energetische Reinigung von stark negativ aufgeladenen Orten

Der Begriff stark negativ aufgeladener Ort beschreibt natürlich eine große Bandbreite an Möglichkeiten. Es kann sich dabei zum Beispiel um ein Haus handeln, in dem es über Jahre oder sogar Generationen hinweg zu häuslicher Gewalt gekommen ist, oder ein Haus, in dem jemand lebte, der sehr unglücklich war und sich umgebracht hat.

Auch der Ort einer schrecklichen Tragödie kommt in Frage, an dem viele Menschen durch ein Unglück ums Leben kamen. Wirklich furchtbare Orte, an denen die Energien so stark sind, dass sie selbst für nicht sensible Menschen kaum aushaltbar sind, wären zum Beispiel ehemalige Konzentrationslager wie Auschwitz. Diese Orte hätten eine energetische Reinigung am dringendsten nötig, da sie jedoch eine Art Museumsstatus haben, wird dies leider so schnell nicht geschehen.

Grundsätzlich gilt, je mehr Schlimmes an einem Ort geschah und je länger der Zeitraum war, über den hinweg das Negative geschehen ist, desto schwerere Geschütze musst du für die Reinigung auffahren. In den meisten Fällen wirst du deine Bemühungen mehrere Male wiederholen müssen, um eine spürbare Verbesserung der Ortsenergie zu erzielen. Für den Beginn solltest du an solchen Orten erst einmal auf der physischen Ebene arbeiten. Wenn möglich, schrubbe Oberflächen gründlich mit Salzwasser ab und räuchere mit weißem Salbei oder schwarzem Pfeffer. Diese Reinigungsdurchgänge würde ich mindestens dreimal wiederholen, bevor du mit einer meditativen Art der Reinigung beginnst.

Hierfür begibst du dich an dem entsprechenden Ort in einen möglichst tiefen, meditativen Zustand. Ziehe vorher einen Kreis aus Salz um dich herum, damit du vor eventuellen, negativen Wesenheiten geschützt bist, die sich dort aufhalten könnten. Sobald du eine ausreichende Mediationstiefe erreicht hast, rufst du zunächst deine Geistführer um Hilfe an. Bitte sie ganz einfach darum, diesen Ort zu reinigen und mit Licht und Liebe anzufüllen. Bitte sie auch, dass sie Geister von Verstorbenen, die dort möglicherweise noch verweilen, ins Licht führen mögen und dass sie deine eigenen Bemühungen, diesen Ort zu reinigen, nach Kräften unterstützen sollten. Nun gehst du ähnlich vor, wie bei der Personenreinigung. Visualisiere den Ort vor deinem geistigen Auge und lasse goldenes Licht aus Himmel und Erde erstrahlen und den Ort gänzlich damit ausfüllen. Dieses Licht zieht nun wieder die winzigen, insektenartigen, schwarzen Pünktchen aus dem Ort heraus und löst sie auf.

Wenn der Ort vor deinem geistigen Auge in reinem Licht erstrahlt, bitte deine Geistführer darum, dieses Licht dort zu erhalten, solange es notwendig ist, um diesen Ort zu heilen. Danke ihnen für ihre Unterstützung und löse dich langsam aus der Meditation. Den Salzkreis, in dem du gesessen hast, solltest du nun zusammenfegen und in fließendem Wasser entsorgen, dafür eignet sich ein Bach oder Fluss, aber auch die Kanalisation ist in Ordnung, wenn beides nicht verfügbar ist. Außerdem solltest du dich anschließend selbst einer gründlichen, energetischen Reinigung unterziehen. So gründlich du hier auch vorgegangen bist, je nach Geschichte dieses Ortes ist es möglich, dass sich lediglich eine Verbesserung, aber keine vollständige Reinigung einstellt. Manche Orte lassen sich selbst in vielen Jahren nicht von dem heilen, was dort stattgefunden hat. Umso wichtiger ist es, dort regelmäßige Reinigungen durchzuführen, damit die bereits vorhandenen, negativen Energien nicht immer weiter neues Unglück anziehen.

ARBEITEN MIT DEM ENERGIEKÖRPER

Nachdem der Energiekörper des Menschen und seine große Bedeutung für die mediale Arbeit nun bereits mehrere Male angesprochen wurde, ist es an der Zeit, sich diesem Thema endlich ausführlich zu widmen. Jedes Lebewesen verfügt über einen grobstofflichen Körper – also den festen, materiellen Körper, den man berühren und wissenschaftlich untersuchen kann –, sowie einen feinstofflichen Körper. Dieser feinstoffliche Körper wird von der heutigen Wissenschaft und der Allgemeinmedizin nicht als existent anerkannt, die traditionelle chinesische Medizin zum Beispiel weiß jedoch bereits seit Jahrtausenden davon und bezieht diesen in ihre Heilmethoden ein. Die klassische Akkupunktur basiert genau auf der Existenz dieses feinstofflichen Körpers, indem die Akkupunkturpunkte an den zahlreichen Chakren ansetzen. Damit kommen wir zu dem, was die Grundlage des Energiekörpers bildet: die Chakren. Das Wort Chakra stammt aus dem Sanskrit und bedeutet übersetzt „Rad" oder „Wirbel". Bei den Chakren handelt es sich nämlich tatsächlich um eine Art energetische Wirbel. Die Aufgabe der Chakren ist im Grunde ganz einfach, sie dienen als eine Art Schnittstelle zwischen der feinstofflichen und der grobstofflichen Welt. Ohne diese Verbindung wäre Leben, wie wir es kennen, überhaupt nicht möglich, denn sowohl unsere Seele als auch unser höheres Selbst sind eben nicht grobstofflicher Natur, also nicht an die Materie gebunden. Da wir beides aber benötigen, damit wir nicht nur als rein biologische Maschinen ohne Bewusstsein herumlaufen, braucht es eine Verbindung, die es den feinstofflichen Anteilen unseres Selbst ermöglicht, sich an die Materie zu haften. Somit wird die energetische Information der feinstofflichen Aspekte unseres Selbst durch die Chakren in eine materielle Energie umgewandelt und so der grobstoffliche Körper gebildet. Die feinstofflichen Energien sind sehr hochschwingend und könnten allein keinen festen, also materiellen Körper ausbilden, weshalb sie zunächst in eine niedriger schwingende Energie transformiert werden müssen.

Es existieren verschiedene Modelle darüber, wie viele Chakren es gibt, einige gehen von bis zu 13 Hauptchakren aus, während die gängigsten Modelle sieben Haupt-Chakren beschreiben. Diese sieben Haupt-Chakren sind die Chakren, die direkt mit dem Körper verbunden sind, weitere Haupt-Chakren verbinden den Körper mit höheren, energetischen Ebenen und sind für deine Ausbildung nicht von besonderem Interesse. Neben diesen sieben Haupt-Chakren existieren noch unzählige weitere Neben-Chakren, über die du jedoch in keinem Buch wirklich Informationen finden wirst. Ihre Lage und Funktion zu kennen ist für deine mediale Arbeit ebenfalls nicht von besonderer Bedeutung, deshalb sei an dieser Stelle lediglich erwähnt, dass Du Chakren immer dort findest, wo sich in deinem Körper ein Nervenknotenpunkt, ein sogenannter Nervenplexus, befindet. Die Lage der sieben Hauptchakren verläuft entlang deiner Wirbelsäule durch den gesamten Körper, denn dort befinden sich die Haupt-Nervenplexus. Bevor wir uns nun näher mit den einzelnen Chakren, ihrer genauen Lage und Funktion befassen, möchte ich jedoch noch ausführen, wie diese die Grundlage des Energiekörpers bilden.

Jedes Chakra schwingt in einer eigenen Frequenz und bildet ein eigenes, elektromagnetisches Feld aus. Diese Felder sind grundsätzlich mit entsprechend fein abgestimmten Instrumenten messbar. Das Energiefeld, welches durch dein Herz erzeugt wird, ist dabei so stark, dass es sogar von der Allgemeinmedizin anerkannt wird, wenn auch nicht in einem esoterischen Kontext. Dieses Feld breitet sich weit über einen Meter um deinen grobstofflichen Körper herum aus! Diese einzelnen elektromagnetischen Felder deiner Chakren sind nun das, wodurch der Energiekörper entsteht, denn jedes der sieben Hauptchakren erzeugt auf diese Art eine Schicht deiner Aura. Da jedes Chakra in einer anderen Frequenz arbeitet, hat jede Schicht eine andere Farbe, wodurch eine gesunde Aura in den Farben des sichtbaren Spektrums von Licht daherkommt: Als ein Regenbogen. Leider verfügen jedoch die wenigsten Menschen über eine wirklich gesunde, vollständig ausgeprägte Aura, denn unser Energiekörper ist tagtäglich zahlreichen Störungen unterworfen.

Die Energie, die ein Mensch aus dem Universum und von der Erde aufnimmt, wird durch die Hauptchakren in eine materiell nutzbare Energie transformiert und dann durch den gesamten Körper geleitet. Gibt es dabei Störungen, gerät schnell das gesamte System aus dem Gleichgewicht. So entstehen Blockaden in den Chakren und Löcher in der Aura. Wie diese Störungen entstehen, kann vielfältige Ursachen haben, sowohl psychologische Faktoren spielen hierbei eine wichtige Rolle als auch zahlreiche materielle Faktoren. An vorderster Stelle bei den materiellen Faktoren wären Elektrosmog und Strahlung zu nennen. Sowohl Handys als auch WLAN-Netze arbeiten in Frequenzbereichen, die unsere Chakren erheblich stören und zu Dysfunktionen führen können. Doch auch Mangelernährung, Alkohol und Drogen sowie Krankheiten können die Funktion unserer Chakren beeinträchtigen.

Mindestens genauso stark können sich jedoch auch psychische Faktoren auf die Chakren auswirken. Jede negative Erfahrung kann dafür sorgen, dass sich das Chakra, welches mit der gemachten Erfahrung thematisch in Zusammenhang steht, verschließt und somit den Energiefluss durch den gesamten Körper blockiert. Je tiefgreifender eine Erfahrung sich dabei auf unsere Psyche auswirkt, desto stärker der Effekt auf das entsprechende Chakra. Erfahrungen oder Erlebnisse mit einem besonders starken Einfluss auf die Psyche können sich sogar energetisch in unserem System festsetzen, so dass wir über einen langen Zeitraum davon beeinflusst werden, manchmal für das gesamte Leben. Dementsprechend wichtig ist es natürlich, in der Lage zu sein, seinen

Energiekörper selbst zu heilen, damit solche negativen Auswirkungen auf deine Chakren sich nicht störend auf deine mediale Arbeit auswirken.

Deshalb werde ich dich nun zunächst grundlegend in die Chakrenlehre einführen und dir die sieben Haupt-Chakren einzeln vorstellen. Natürlich ließe sich eine Menge mehr über die Chakren-Lehre sagen, als du im Folgenden zu lesen findest, jedoch würde dies den Rahmen dieses Buches sprengen. Aus diesem Grund habe ich mich bemüht, dir lediglich die für deine mediale Arbeit wichtigsten Fakten über die sieben Haupt-Chakren zu vermitteln. Ich empfehle dir jedoch dringend, dich mit Hilfe entsprechender Lektüre noch tiefer in das Thema der Chakren-Lehre zu versenken. Es handelt sich hier nämlich nicht nur um ein äußerst faszinierendes Thema, sondern dieses Wissen kann dich auf deiner eigenen, spirituellen Reise enorm bereichern und dir ein tiefes Verständnis der Existenz selbst vermitteln.

Im Anschluss daran wirst du Techniken erlernen, mit denen du deine Chakren reinigen und gezielt öffnen kannst, auf diese Art lernst du, für einen ungestörten Energiefluss durch deinen Körper zu sorgen und gleichzeitig deine Aura zu verstärken. So wirst du immer gut geschützt sein während deiner Arbeit und energetisch in einer ausreichend hohen Frequenz arbeiten, um keine schädlichen Wesenheiten anzuziehen.

Die sieben Haupt-Chakren

Das Wurzel-Chakra – Muladhara

Das Wurzel-Chakra ist das unterste der entlang der Wirbelsäule befindlichen, sieben Haupt-Chakren. Es befindet sich im Bereich des Damms, also zwischen dem Anus und den Genitalien, auf Höhe des Steißbeins. Sein Sanskritname beschreibt seine Funktion exakt, denn *Muladhara* bedeutet Wurzel oder Stütze. Das Wurzel-Chakra schwingt in einer Frequenz, die auf der Skala des sichtbaren Lichts ein tiefes Rot ergibt. Es erzeugt eine eigene Auraschicht, die als Ätherleib bezeichnet wird.

Das Thema dieses Chakras lautet Stabilität, deshalb verbindet es dich mit der Erde und sorgt somit einerseits dafür, dass du psychisch über eine gute

Erdung verfügst und nicht abhebst, andererseits verleiht es dir innere Stärke, Vertrauen und Sicherheit. Deshalb wird diesem Chakra auch das Element Erde zugeordnet. Der Überlebenstrieb und die Instinkte werden von ihm kontrolliert und gesteuert. Wenn dieses Chakra harmonisch arbeitet und nicht blockiert ist, verfügst du über Durchsetzungsvermögen und ein gefestigtes Urvertrauen. Gibt es jedoch Probleme mit dem Wurzel-Chakra, kann sich dies auf psychischer Ebene dadurch äußern, dass du deine Bodenhaftung verlierst und gewissermaßen abhebst, dies kann zu Arroganz oder Weltfremdheit führen. Genauso kann eine Blockade in diesem Chakra auch dafür sorgen, dass du dir nichts mehr zutraust und allgemein kein Vertrauen in das Leben hast. Auch deine Belastbarkeit würde mit einer Blockade stark abnehmen.

Auf körperlicher Ebene versorgt dieses Chakra deine Wirbelsäule, das gesamte Skelettsystem sowie deine Füße und Beine mit Energie. Auch der untere Beckenraum und der Darm werden von diesem Chakra versorgt. Somit fällt auch die Funktion der Nebennieren und die Produktion von Stresshormonen in seinen Zuständigkeitsbereich, genauso wie die Regelung der Körpertemperatur sowie die Bildung von Blut, Zähnen und Nägeln. Darüber hinaus wird dem Wurzel-Chakra der Geruchssinn zugeordnet. Probleme in einem oder mehreren dieser Bereiche weisen somit auf eine Störung in diesem Chakra hin.

Das Sakral- oder Sexual-Chakra- Svadisthana

Das Sakral-Chakra findest du ein Stück unterhalb deines Nabels, in Höhe deines Kreuzbeins. Sein Sanskrit-Name bedeutet übersetzt „Sitz des Selbst", womit dieses Chakra zunächst ein wenig widersprüchlich daherkommt. Immerhin kann man dem deutschen Beinamen „Sexual-Chakra" entnehmen, dass es etwas mit Sexualität zu tun hat. In der fernöstlichen Weltanschauung ist es jedoch so, dass das Selbst dort zu finden ist, wo es entsteht, wodurch die Namensgebung wieder sinnvoll wird. Du solltest dir jedoch bewusst machen, dass dieses Selbst nichts mit deinem Bewusstsein zu tun hat, vielmehr könnte man sagen, hier entsteht das triebgesteuerte Ego. Auch das Sakral-Chakra bildet eine eigene Auraschicht, die als Emotionalkörper bezeichnet wird. Es schwingt in einer Frequenz, die auf dem Spektrum des sichtbaren Lichts der Farbe Orange entspricht.

Im körperlichen Bereich ist dieses Chakra dafür zuständig, sämtliche Unterleibsorgane mit Energie zu versorgen, also die Eierstöcke und die Gebärmutter, die Hoden und die Prostata, außerdem die Nieren und die Blase. Es ist das Zentrum deiner sexuellen Energie. Zusätzlich erfüllt es die Funktion, den Blutkreislauf, die körpereigenen Entgiftungsmechanismen und die Drüsenfunktionen von Eierstöcken und Hoden zu regulieren. Wenn du auf körperlicher Ebene Probleme in diesem Bereich hast, kannst du sicher sein, dass dein Sakral-Chakra mehr oder weniger blockiert und damit in seiner Funktion gestört ist.

Auch im psychischen Bereich hat das Sakral-Chakra eine Funktion schöpferischer Qualität, denn hier entsteht deine Sinnlichkeit, deine Kreativität und dein Selbstbewusstsein. Außerdem fallen deine Gefühle in den Zuständigkeitsbereich dieses Chakras, weshalb man ihm auch das Element Wasser zuordnet. Wasser steht sowohl in der Astrologie als auch in der Traumdeutung symbolisch für Gefühle. Wenn du an emotionalen Problemen, mangelndem Selbstbewusstsein oder einem Mangel an Kreativität leidest, findet sich die Ursache damit in einer Unterversorgung oder Blockade deines Sakral-Chakras wieder.

Das Solarplexus-Chakra – Manipura

Das Solarplexus-Chakra befindet sich genau dort, wo der Name es bereits andeutet: An deinem Solarplexus, also etwa eine Handbreit über deinem Nabel. Sein Sanskrit-Name ist etwas komplizierter, denn er bedeutet übersetzt in etwa „Das Juwel in der Stadt". Damit sollen die feurige Energie und deren Glanz zum Ausdruck gebracht werden, die diesem Chakra innewohnt, denn das Solarplexus-Chakra ist der Sitz deiner Lebensenergie. Deshalb wird diesem Chakra auch das Element Feuer zugeordnet. Die Auraschicht, die von diesem Chakra gebildet wird, ist der Mentalkörper, und es schwingt in einer Frequenz, die auf dem Spektrum sichtbaren Lichts einem kräftigen, sonnigen Gelb entspricht.

Körperlich steuert das Solarplexus-Chakra dein vegetatives Nervensystem, außerdem versorgt es Magen und Dünndarm, Leber und Milz sowie die Gallenblase mit Energie. Auch die Bauchspeicheldrüse hängt in ihrer Funktion von diesem Chakra ab, weshalb auch die Regulierung der Insulinproduktion zu seinen Aufgaben gehört. Gibt es körperliche Probleme in einem oder mehreren dieser Bereiche, liegt somit eine Störung oder Blockade des Solarplexus-Chakras zugrunde.

Im psychischen Bereich übernimmt dieses Chakra eine Art Vermittlerfunktion, denn die Gefühle, die im Sakral-Chakra entstehen, werden hier verarbeitet und an das Herz-Chakra weitergleitet. In diesem Chakra beginnt das Wachstum deiner Persönlichkeit, die ebenfalls im Sakral-Chakra – in Form des triebgesteuerten Egos – entstanden ist. Im Solarplexus-Chakra wird deinem Gefühlsleben nämlich eine wichtige Komponente hinzugefügt: Willenskraft und die Fähigkeit zur Selbstkontrolle, die dich über rein triebgesteuertes Verhalten hinauswachsen lässt. Auch deine gefühlsbetonte Intuition, die ich bereits in einem vorigen Kapitel behandelt habe, entsteht im Solarplexus-Chakra und gibt dir wichtige Entscheidungshilfen und eine Art emotionaler Wegweiser.

Das Herz-Chakra – Anahata

Das Herz-Chakra ist das Zentrum deiner Haupt-Chakren und somit auch das Zentrum deines Körpers und deines Selbst. Es befindet sich in der Mitte des Brustkorbs, auf der gleichen Höhe wie dein anatomisches Herz. Die Auraschicht, die vom Herz-Chakra ausgebildet wird, bezeichnet man als Astralleib und es schwingt in einer Frequenz, die auf dem Spektrum des sichtbaren Lichts einem kräftigen Grün entspricht. Der Sanskrit-Name des Herz-Chakras bedeutet übersetzt „Reinheit" oder „Unverletzlichkeit" und drückt damit das Hauptthema dieses Chakras aus: Die reine, bedingungslose Liebe, die nicht zerstört werden kann. Das Element, das diesem Chakra zugeordnet wird, ist die Luft.

Körperlich ist das Herz-Chakra natürlich vor allem für die Funktion deines Herzens zuständig, doch auch die Thymusdrüse, Lymph- und Immunsystem sowie das körperliche Wachstum fallen in seinen Zuständigkeitsbereich. Der gesamte Brustkorb, der untere Bereich der Lungen und der obere Bereich des Rückens werden vom Herz-Chakra ebenfalls mit Energie versorgt, genauso wie deine Haut als gesamtes Organ. Bei der Bildung von Blut und der Regulierung des Blutkreislaufs spielt das Herz-Chakra natürlich ebenfalls eine wichtige Rolle, da es ja für das anatomische Herz zuständig ist.

Auf psychischer Ebene hat das Herz-Chakra die wichtige Funktion, dich zu deinem wahren, höheren Selbst hinzuführen. Hier entsteht die überpersönliche, bedingungslose Liebe. Diese befähigt dich nicht nur zur Selbstlosigkeit und dazu, über dein rein triebgesteuertes Ego hinauszuwachsen, sondern führt dich hin zur Möglichkeit, eins mit der gesamten Schöpfung zu werden. Wie bereits angesprochen, steht das Herz-Chakra in engem Zusammenhang mit dem Sakral- und Solarplexus-Chakra, denn die Kreativität und Sinnlichkeit, die dort geweckt werden, werden hier um eine überpersönliche Komponente erweitert. Ohne ein harmonisch funktionierendes Herz-Chakra ist der Mensch weder in der Lage, Kunst in jeglichen Formen zu genießen, noch sie zu erschaffen. Worte, Bilder und Klänge werden hier in Gefühle umgewandelt und durch reine Liebe transformiert. Hier beginnt die bedingungslose Hingabe an die Schöpfung.

Das Kehlkopf- oder Hals-Chakra – Visuddha

Im Bereich der Halswirbelsäule, ungefähr auf Höhe deines Kehlkopfs, findest du dein Kehlkopf- oder Hals-Chakra. Dieses Chakra bildet eine Auraschicht aus, die als Ätherleib der immateriellen Ebene bezeichnet wird, denn es öffnet den Zugang zur feinstofflichen Welt. Damit ist das Hals-Chakra, neben dem dritten Auge oder Stirn-Chakra, besonders wichtig für deine mediale Arbeit. Sein Sanskrit-Name bedeutet deshalb auch so viel wie „absolute Reinheit".

Es schwingt in einer Frequenz, die auf dem Spektrum sichtbaren Lichts einem hellen Blau entspricht. Das Hals-Chakra ist das fünfte Chakra und stellt so etwas wie den Übergang zu einer neuen Ebene dar. Jedes der bisher beschriebenen Chakren ist einem bestimmten Element zugeordnet: Das Wurzel-Chakra korrespondiert mit dem Element Erde, das Sakral-Chakra mit Wasser, das Solarplexus-Chakra mit Feuer und das Herz-Chakra mit Luft. Dem Hals-Chakra wird, wie der Name bereits impliziert, das fünfte Element zugeordnet: Der Äther, also die feinstoffliche Ebene. Die ersten vier Chakren und ihre zugeordneten Elemente – Erde, Wasser, Feuer und Luft – sind der physischen, materiellen Ebene unterworfen und korrespondieren auch nur mit dieser. Ab dem fünften Chakra ändert sich dies, denn der Äther ist kein Element, das der materiellen Welt zugeordnet werden kann. Gleiches gilt für die letzten beiden, darüber liegenden Chakren. Ihnen wird kein Element mehr zugeordnet, da ihre Funktion eher darin liegt, dich für die Wahrnehmung der nicht-physischen Welt und der Kommunikation mit diesen Ebenen zu befähigen.

Körperlich hat das Hals-Chakra einen großen Zuständigkeitsbereich, denn es versorgt den gesamten Kieferbereich, den Kehlkopf, die Speise- und Luftröhre, das Gehör, den Nacken, die Schultern, die Halswirbelsäule und die Schilddrüse mit Energie. Die Funktion der Schilddrüse ist einer der sichersten Anzeiger für eventuelle Störungen in diesem Chakra, aber auch Probleme mit der Stimme und der Atmung können auf eine Blockade hinweisen.

Auf der psychischen Ebene entstehen hier deine Kommunikations- und Ausdrucksfähigkeit und diese stehen und fallen mit einer harmonischen Funktion dieses Chakras. Das Hals-Chakra ist, ähnlich wie das Herz-Chakra, ein Vermittler. Es vermittelt zwischen Herz- und Stirn-Chakra, also zwischen Fühlen und Denken. Hier werden die Selbsterkenntnis verfeinert und die Wahrnehmungsfähigkeit gesteigert, da nun auch nicht-irdische Komponenten ins Spiel kommen.

Das dritte Auge oder Stirn-Chakra - Ajna

Zwischen deinen Augenbrauen, also ein kleines Stück über der Nasenwurzel, findest du das Stirn-Chakra, welches in spirituellen oder medialen Kreisen auch gerne als „Drittes Auge“ bezeichnet wird. Die Auraschicht, die von diesem Chakra gebildet wird, bezeichnet man als Emotionalleib der immateriellen Ebene und es schwingt in einer Frequenz, die auf dem Spektrum sichtbaren Lichts einem tiefen Indigoblau entspricht. Sein Sanskrit-Name lässt sich übersetzen mit „wissen“, „wahrnehmen“ oder „befehligen“, woraus sich die Funktion des dritten Auges bereits ableiten lässt. Hier geht es nämlich nicht lediglich um eine Erweiterung deiner Wahrnehmung, sondern auch um die Kontrolle deines Geistes und somit um Bewusstwerdung.

Das Stirn-Chakra versorgt auf körperlicher Ebene zunächst einmal einen Teil deiner Sinnesorgane, nämlich Augen, Ohren und Nase, wozu auch die Nebenhöhlen und der gesamte Gesichtsbereich gehören. Doch es ist ebenfalls zuständig für die Versorgung deines Kleinhirns, dadurch hat es direkte Verbindung zur Hypophyse – der Hirnanhangsdrüse – und zur Zirbeldrüse. Somit reguliert es das gesamte Hormon- und Nervensystem und hat einen erheblichen Einfluss auf deinen Schlaf-Wach-Rhythmus.

Im psychischen Bereich steuert das Stirn-Chakra deine gesamte Wahrnehmung, nicht nur die der rein irdischen, materiellen Welt, sondern vor allem auch die der nicht materiellen Ebenen. Es ist also das Chakra der übersinnlichen Wahrnehmung, von dem sämtliche mediale Fähigkeiten ausgehen.

Das Kronen-Chakra - Sahasrara

Am Scheitelpunkt deines Kopfes, dort, wo bei Babys die Fontanelle sitzt, findest du das letzte der sieben Haupt-Chakren, dein Kronen-Chakra. Die Auraschicht, die dieses Chakra ausbildet, bezeichnet man als Mentalleib der immateriellen Ebene und seine Frequenz befindet sich bereits im ultravioletten Bereich. Deshalb werden diesem Chakra verschiedene Farben zugeordnet, denn da Ultraviolett nicht mehr im Spektrum des sichtbaren Lichts liegt, variieren die Farbangaben für dieses Chakra von Violett über Weiß bis hin zu Gold. Meiner Erfahrung nach lässt es sich mit sämtlichen der genannten Farben sehr gut stimulieren und ansprechen. Der Sanskrit-Name des Kronen-Chakras lässt sich mit „tausendblättriger Lotus“ übersetzen. Es ist das Chakra der Vollendung der menschlichen Reise, hier wird die Erleuchtung möglich und die Seele tritt bei Geburt über dieses Chakra in den Körper ein und verlässt ihn beim Tod auf dem gleichen Weg.

Das Kronen-Chakra hat keinen eigenen, körperlichen Bereich, für dessen Energieversorgung und Kontrolle es zuständig wäre, stattdessen wacht es über das Gleichgewicht des gesamten Chakren-Systems und damit des gesamten Organismus. Das Gleiche gilt für die psychische Ebene, denn in diesem Chakra geht es um Vollendung, Erleuchtung und die Einswerdung mit Gott und der gesamten Schöpfung. Es hat eine übergeordnete Funktion und wird, wenn überhaupt, erst in einem sehr reifen Alter voll aktiviert.

Den Energiekörper heilen und stabilisieren

Der Erfolg deiner medialen Arbeit hängt im Wesentlichen von fünf verschiedenen Faktoren ab: Willenskraft, Visualisierungsfähigkeit, Konzentrationsfähigkeit, der Fähigkeit, dich zu öffnen, und der Frequenz deines Energiekörpers. Diese Frequenz muss so hoch wie möglich sein, damit du beim Channeln nicht in Gefahr gerätst, niedere Wesenheiten anzuziehen, die dir erheblich schaden können. Erreichen kannst du dies, indem es dir gelingt, deinen Energiekörper bewusst zu reinigen, zu kontrollieren und zu harmonisieren. Zuvor jedoch noch ein paar Worte der Erläuterung zu den anderen, ebenso wichtigen Voraussetzungen. Deine Willenskraft bestimmt die Stärke der Intention deiner medialen Arbeit. Besonders beim Channeln kannst du die Intention, also die reine Absicht, mit einer

Art Zielparameter vergleichen, in etwa so, als würdest du in einem Navigationssystem das Ziel einprogrammieren. Je klarer und bestimmter diese Intention, desto sicherer erreichst du das Ziel. Dafür ist jedoch auch eine starke Konzentrationsfähigkeit notwendig, die dafür sorgt, dass du gedanklich nicht abschweifst.

Auch deine Visualisierungsfähigkeit ist ein wichtiger Parameter bei deiner Zielsetzung, denn mit Hilfe von Visualisierung hilfst du, deinem Unterbewusstsein und deinem Gehirn zu vermitteln, welche Leistung du von ihm erwartest. Bleibt zu guter Letzt noch die Fähigkeit, dich zu öffnen, um überhaupt in der Lage zu sein, Nachrichten empfangen zu können. Auch diese Fähigkeit geht Hand in Hand mit deiner Konzentrationsfähigkeit, denn du musst gleichzeitig sämtliche Informationen, die nicht in direktem Zusammenhang mit der zu empfangenden Botschaft stehen, herausfiltern und ausblenden können. Zudem musst du auch noch erkennen können, was tatsächlich Teil der empfangenen Botschaft ist und was nur von deinem Ego hinzugedichtet oder von deinem Gehirn falsch übersetzt wurde. Jede Nachricht, die du channelst, wird als rein energetische Frequenz empfangen. Somit ist es Aufgabe deines Gehirns, diese Nachricht in Worte zu übersetzen. Dieser Aufgabe kann es jedoch nur nachkommen, indem es Zugriff auf deine persönlichen Erfahrungen nimmt und die empfangenen Frequenzen mit diesen abgleicht. Dabei wird automatisch auch dein persönliches Bewertungssystem mit aktiviert und die Nachricht wird auf diese Art mehr oder weniger verfälscht bzw. von deiner eigenen Persönlichkeit eingefärbt.

Sich zu öffnen bedeutet also nicht nur, den Kanal für den Empfang zu öffnen und andere Sinneseindrücke für diese Zeit ausblenden zu können, es bedeutet auch, dich über deinen eigenen Persönlichkeitshorizont hinaus zu bewegen und eine überpersönliche Perspektive einnehmen zu können. Wie du siehst, sind all die bis hierhin beschriebenen Eigenschaften überhaupt nur dann in einem Menschen ausreichend aktiv, wenn all seine Hauptchakren harmonisch miteinander ausbalanciert sind. Auch wenn du zur Steigerung jeder einzelnen dieser Fähigkeiten eigene Übungen in diesem Buch findest, ist es somit unerlässlich, deinen Energiekörper zu kennen und in seine Funktion jederzeit regulierend eingreifen zu können, was du mit regelmäßiger Anwendung der folgenden Technik erreichen kannst. Da diese Technik sich bereits als sehr anspruchsvoll bezeichnen lässt, trainierst du damit gleichzeitig sämtliche der eben beschriebenen Fähigkeiten.

Energiekörpermeditation

Du beginnst mit einer Atemtechnik, die du bereits aus der Grundausbildung kennst, in Kombination mit der folgenden Autosuggestion: „Mein Geist ist frei und still, mein Fokus richtet sich einzig auf meinen Energiekörper." Du schließt also deine Augen, beginnst, ruhig und gleichmäßig zu atmen, und verbindest dabei jeden Atemzug mit einer Silbe der Suggestion, Einatmen, „Mein", Ausatmen, „Geist", und so weiter. Nimm dir genügend Zeit und verweile so lange in dieser Form der Meditation, bis vollkommene Ruhe und Entspannung in dir herrschen, erst dann startest du die eigentliche Meditation und beginnst, ohne Autosuggestion zu atmen.

Dafür richtest du nun deine innere Aufmerksamkeit voll und ganz auf den Bereich deines Körpers, in dem sich dein Wurzel-Chakra befindet. Sollte dir dies schwerfallen, ist es hilfreich, deine Augen unter den geschlossenen Lidern auf den entsprechenden Bereich zu richten. Zunächst machst du eine Bestandsaufnahme, fühle in den Zustand dieses Bereichs hinein, fühlst du Weite oder Enge, Freiheit oder Beklemmung, Schmerzen oder andere Gefühle? Lasse nun ein Bild vor deinem geistigen Auge entstehen, dieses Bild sollte sich aus dem speisen, was du in diesem Bereich wahrgenommen hast. Grundlage des Bildes ist dein Wurzel-Chakra, du kannst es dir als roten, energetischen Wirbel in Form einer Eieruhr vorstellen. Die Öffnungen dieses Wirbels sind trichterförmig gewölbt zu den Enden hin, wobei das eine Ende nach unten ausgerichtet ist und das andere in deinen Körper hineinragt. Je nach Zustand dieses Chakras erscheint der Wirbel farblich unterschiedlich, er kann leuchtend rot strahlen oder mehr oder weniger stark von schwarzer Farbe zersetzt sein, bis hin zu einem fast schwarzen, schmutzigen Rot. Auch die Aktivität dieses Wirbels kann abhängig vom Zustand schwanken, er kann sich leicht bis sehr schnell drehen und sollte dies normalerweise im Uhrzeigersinn tun.

Sobald das innere Bild entstanden ist und sich klar vor deinem geistigen Auge entfaltet, beginnst du, es nach deinem Willen zu beeinflussen und zu verändern. Dafür visualisierst du zunächst, wie die Luft, die du einatmest, sich bei Eintritt in deinen Körper in einem schönen, leuchtenden Rot einfärbt. Beobachte den Weg dieses roten Luftstroms durch den Körper und atme bis tief in dein Wurzel-Chakra hinein. Dabei stellst du dir vor, wie die Farbe des Chakras dadurch reiner und intensiver wird und die Drehung sich mit jedem Atemzug ein wenig beschleunigt. Auch die Drehrichtung des Chakras änderst du jetzt, indem du es gegen den Uhrzeigersinn drehen lässt. Auf diese Art wird es angeregt, sich von negativen Energien zu reinigen und Blockaden aufzulösen. So, wie die Farbe mit jedem Einatmen reiner und röter wird, siehst du nun, wie sich die schwarz gefärbten Verunreinigungen in Form von Nebel aus dem Chakra lösen und mit seiner Drehung hinausgeleitet werden. Fahre damit fort, bis das Chakra in reinem, kräftigem Rot erstrahlt und keinerlei Verunreinigungen mehr zu sehen sind. Die Drehgeschwindigkeit sollte sich bis dahin so erhöht haben, dass du wie bei einer Waschmaschine im Schleudergang keine Einzeldrehungen mehr, sondern nur noch die Drehrichtung erkennen kannst.

Wenn du diesen Zustand erreicht hast, hältst du die Drehung an und richtest sie wieder im Uhrzeigersinn aus, die Drehgeschwindigkeit sollte nun zunächst wieder sehr langsam sein und sich mit jedem folgenden Atemzug steigern. Du atmest immer noch rote Luft tief in dieses Chakra hinein und visualisierst nun, wie ein rotes Licht davon auszustrahlen beginnt. Dieser Lichtkreis nimmt mit jedem Atemzug an Größe zu. Fahre damit fort, bis er nicht nur die gesamte Region deines Körpers erfüllt, für die dieses Chakra zuständig ist, sondern ca. einen Meter weit über deinen Körper hinausragt. Es ist kein Fehler, dass das rote Licht sich dabei auch in den Bereich des nächsten Chakras ausdehnt, denn die Aura besteht ja aus den verschiedenen Schichten der einzelnen Chakren, die fließend ineinander übergehen sollten. Du hast nun dein Wurzelchakra gereinigt und aktiviert und die zugehörige Auraschicht von eventuellen Löchern befreit und in ihrer Stärke und Dichte optimiert.

Fahre nun fort, indem du deine Aufmerksamkeit auf dein nächstes Chakra, das Sakral-Chakra, richtest. Du gehst hier genauso vor, wie beim Wurzel-Chakra, also zunächst den aktuellen Zustand als geistiges Bild vor deinem inneren Auge entstehen lassen und dieses dann durch Visualisierung und Intention verändern. Lediglich die Ausrichtung dieses Chakras ändert sich nun von vertikal – also nach oben und unten gerichtete Trichter – in horizontal. Das bedeutet, die im Körper befindlichen Chakren ragen nach vorne und hinten aus dem Körper hinaus, statt nach oben und unten wie das Wurzel- und Kronen-Chakra. Diesmal atmest du die Farbe Orange in dieses Chakra hinein, reinigst es zunächst, indem du es gegen den Uhrzeigersinn drehen lässt, und aktivierst es im Anschluss, durch die Änderung der Drehrichtung und weitere Aufladung mit orangefarbenem Licht. Auf diese Art arbeitest du nun in Ruhe jedes einzelne Chakra ab. Als Nächstes kommt das Solarplexus-Chakra mit gelbem Licht, dann das Herz-Chakra mit grünem Licht, das Hals-Chakra in hellblau, das dritte Auge in indigoblau und zu guter Letzt des Kronen-Chakra in violett oder weiß. Welche Farbe du für das Kronen-Chakra wählst, überlasse ich deiner eigenen Intuition, wähle die Farbe, die dir persönlich am passendsten erscheint.

Während du im Laufe der Meditation deine Chakren einzeln nacheinander abarbeitest, ist es wichtig, dass du nicht nur das Bild des jeweiligen Chakras vor Augen hast, an dem du gerade arbeitest. Auf diesem Bild sollte dein aktueller Fokus liegen, jedoch solltest du am Rand dieses Bildes immer auch die Chakren und ihren Zustand sehen, die davor liegen. So hast du am

Ende der Meditation das Bild deines gesamten Energiekörpers vor deinem geistigen Auge entstehen lassen, welches du schrittweise erweitert hast. Du siehst nun alle sieben Haupt-Chakren gleichzeitig, wie sie in ihren einzelnen Farben erstrahlen und sich schnell im Uhrzeigersinn drehen. Außerdem kannst du erkennen, wie deine Aura sich dicht und strahlend um deinen Körper ausbreitet und wie ein perfekter Regenbogen erscheint. Dabei siehst du deutlich, wie jede einzelne Farbe von einem bestimmten Chakra ausgeht und wie diese Farben sich in den Bereichen zwischen den Chakren überlappen und so Farbverläufe bilden.

Damit ist die Meditation jedoch noch nicht ganz beendet. Bisher hast du deine Chakren gereinigt und aktiviert und dadurch deine Aura geheilt und verstärkt. Nun gilt es, diesen Optimalzustand zu festigen, damit er sich so lange wie möglich hält. Es ist nämlich leider nicht so, dass es genügen würde, diese Meditation einmalig durchzuführen, um den Energiekörper dauerhaft in einen gesunden und ausbalancierten Zustand zu bringen. Du kannst durch den folgenden Schritt lediglich dafür sorgen, dass dieser Zustand so lange wie möglich anhält, weshalb diese Technik eine gute Vorbereitung ist, die du direkt vor einer Channeling-Session ausführen solltest. Erst durch regelmäßige Anwendung der Technik gewöhnt sich dein System langsam an diesen Optimalzustand, wodurch er immer vertrauter wird. Auf diese Weise strebst du mit der Zeit unbewusst von ganz allein danach, deinen Energiekörper in diesen Zustand zu bringen, und musst immer weniger bewusste Aufmerksamkeit dafür aufbringen. Dennoch wirst du ein Leben lang anfällig für Störungen deines Energiesystems bleiben, weshalb diese Meditation zu einer neuen, regelmäßigen Routine werden sollte.

Um diese Meditation zum Abschluss zu bringen, konzentrierst du dich nun mit voller Aufmerksamkeit auf das Bild deines Energiekörpers. Du musst nun mehrere Dinge gleichzeitig visualisieren und mit deiner Atmung in Einklang bringen. Beginne damit, die folgende Autosuggestion mit deiner Atmung zu kombinieren: „Meine Chakren sind geöffnet und aktiviert, meine Aura ist stark. Die Energie aus der Erde und dem Universum fließt ungehindert durch mein gesamtes System und nährt mich." Gleichzeitig visualisierst du, wie eine goldene Energie über dein Kronen-Chakra in deinen Körper eintritt und sich nach unten hin gleichmäßig ausbreitet. Durch dein Wurzel-Chakra tritt ebenfalls eine goldene Energie in deinen Körper ein und breitet sich nach oben hin gleichmäßig aus. Beide Energieflüsse treffen in deinem Zentrum, dem Herz-Chakra, zusammen. Dadurch erstrahlt dein Herz-Chakra in einem grün-goldenen Licht, welches sich wie eine zweite Aura über deine gesamte, regenbogenfarbene Aura ausbreitet. Lasse dieses Bild in Ruhe entstehen und arbeite mit der Autosuggestion weiter, bis die zweite, schützende Aura sich vollständig um dich herum ausbreitet. Du kannst sie dabei so weit ausdehnen, wie es sich für dich stimmig und gut anfühlt.

Beende die Meditation nun langsam, lasse erst die Suggestion weg und atme wieder normal, langsam, tief und entspannt. Lasse das Bild vor deinem geistigen Auge verblassen, während du deine Aufmerksamkeit nach und nach verstärkt auf dein Allgemeinbefinden richtest. Du solltest dich zutiefst entspannt und zugleich energiegeladen fühlen. Die ersten Male kann es sein, dass sich nach dieser Meditation ein verstärktes Ruhe- oder sogar Schlafbedürfnis in dir ausbreitet, dies ist völlig natürlich. Heilung ist anstrengend für das gesamte System und der herbeigeführte Optimalzustand ist noch vollkommen ungewohnt. Je öfter du diese Meditation jedoch ausführst, desto besser wirst du dich hinterher fühlen. Du hast deine energetische Frequenz nun stark angehoben und wenn du mit der Übung vertraut bist, ist sie die beste Vorbereitung für weitere, mediale Arbeit.

Das dritte Auge erweitern

Diese Meditation lehnt sich direkt an die vorangegangene Technik an. Den Energiekörper zu heilen und zu stabilisieren ist gewissermaßen die Grundlage dafür, gezielt mit dem dritten Auge zu arbeiten, um es in dieser weiteren Mediation in seiner Funktionsweise für die mediale Arbeit zu optimieren. Innerhalb dieser Technik lernst du, die oberen drei Chakren, die direkt mit der geistigen Welt korrespondieren, zu verbinden und wie ein einziges, spirituelles Zentrum arbeiten zu lassen. Dadurch potenzierst du deine mediale Wahrnehmungsfähigkeit um ein Vielfaches. Du solltest diese Mediation jedoch nicht direkt im Anschluss an die eben beschriebene Technik ausführen, um dich selbst nicht energetisch zu überfordern. Trainiere diese Übung erst, wenn du die vorhergehende schon mindestens einige Male durchgeführt hast und sicher in ihrer Anwendung bist.

Du beginnst hier ganz ähnlich, wie in der Energiekörpermeditation, nur dass du dich anfangs statt auf das Wurzel-Chakra auf dein Stirn-Chakra konzentrierst. Schließe deine Augen und atme tief und gleichmäßig, während du deinen inneren Fokus auf dessen Bereich lenkst und seinen Zustand erfühlst. Lasse das, was du wahrnimmst, nun in einem geistigen Bild Form annehmen, bis du dein Stirn-Chakra und seinen energetischen Zustand klar vor Augen hast. Solltest du dabei Blockaden oder Verunreinigungen feststellen, musst du diese zunächst so beheben, wie du es aus der Energiekörpermeditation kennst, bevor du weiter fortfährst. Sobald du so weit bist, dass dein Stirn-Chakra in voller Funktion und absoluter Reinheit vor deinem geistigen Auge erscheint, erweiterst du deine Visualisierung.

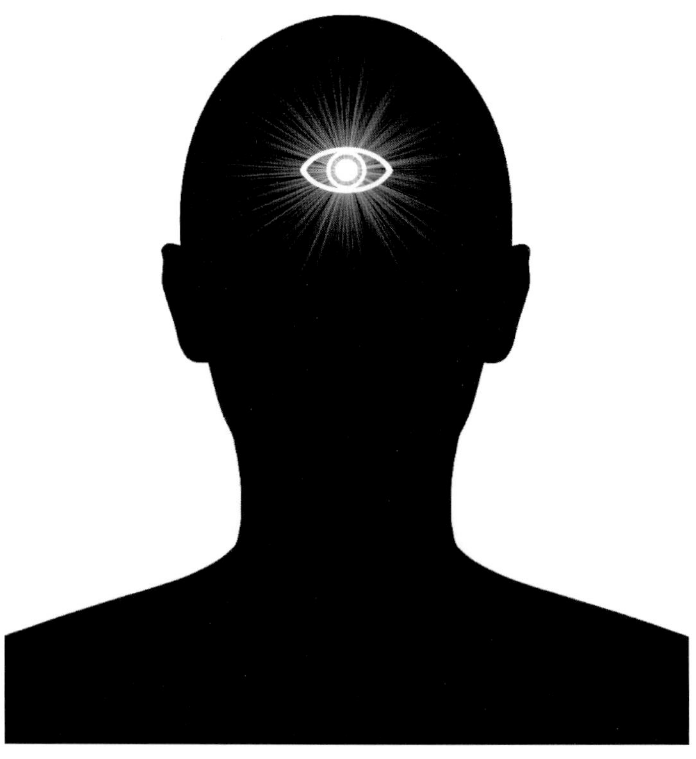

Du nimmst nun sowohl das Hals- als auch das Kronen-Chakra mit in diese Visualisierung auf und stellst dir diese drei „spirituellen" Chakren gleichzeitig vor, wie sie in absoluter Reinheit und voller Funktion gemeinsam arbeiten. Lasse dieses Bild kurz auf dich wirken und beginne nun, deine Atmung wieder mit einer Autosuggestion zu verbinden, so, wie du es inzwischen gelernt hast: „Mein Hals-, Stirn- und Kronen-Chakra sind zu einer Einheit verbunden. Mein drittes Auge ist das Zentrum und öffnet sich weiter als je zuvor." Gleichzeitig visualisierst du, wie sowohl aus dem Kronen- als auch aus dem Hals-Chakra eine goldene Energie in dein drittes Auge geleitet wird. Das tiefe Indigoblau dieses Chakras vermischt sich nun mit dieser goldenen Energie und weitet sich mit jedem Atemzug mehr aus, bis es den gesamten Bereich der oberen drei Chakren ausfüllt und weit über die Grenzen deines Körpers hinausreicht.

Verweile in diesem Anblick und lass das innere Bild sich festigen, konzentriere dich dabei nun vollständig auf deine Intention, deine Wahrnehmung über deine bisherigen Grenzen hinaus zu erweitern. Dann lasse das Bild langsam verblassen, bis du nur noch Schwärze vor deinen Augen wahrnimmst. Lass dich nun völlig fallen, während du deine physischen Augen auf dein Stirn-Chakra ausrichtest, so, als würdest du mit geschlossenen Augen schielen. Dies hilft dir, deinen Fokus zu halten, während du gleichzeitig deinen Geist völlig leer machst. Es kann nun eine Weile dauern, bis die ersten Wahrnehmungen eintreten, meist geschieht dies in Bildern, die oft in einer Detailgenauigkeit daherkommen, wie sie im wahren Leben kaum einmal erreicht wird. Dies kann sich anfühlen, als würdest du einen Film in HD-Qualität ansehen. Versuche nicht, diese Bilder zu kontrollieren, denn das würde dich nur aus deiner erreichten Trance herausreißen. Lasse nun einfach geschehen, was geschehen will. Es geht in dieser Übung, die wiederum nur eine Vorstufe für weitere Techniken ist, noch nicht darum, ein Ziel vorzugeben. Du sollst dich hier vielmehr mit der erweiterten, spirituellen Wahrnehmung vertraut machen, lernen, wie diese sich anfühlt und was alles möglich ist.

Genauso, wie das Ablaufen eines inneren Filmes, kann es auch dazu kommen, dass deine auditive Wahrnehmung anspringt und du Dinge oder Stimmen hören kannst, möglicherweise erlebst du sogar beides in Kombination.

Auch taktile Empfindungen können an dieser Stelle auftreten, die dich möglicherweise erschrecken. Es gibt jedoch keinen Grund, Angst zu empfinden, du bist vollkommen sicher, deshalb bleibe unter allen Umständen entspannt. Alles ist hier möglich und zeigt an dieser Stelle sehr gut auf, welches deine ausgeprägtesten Wahrnehmungskanäle sind. Genieße jetzt einfach das, was sich dir darbietet, und lass es zu einem natürlichen Ende kommen. Nimm dir danach genügend Zeit, wieder in die physische Welt zurückzukehren, öffne also nicht direkt deine Augen, sondern verweile noch ein wenig in Ruhe und mit Konzentration auf deine Atmung. Tauche langsam wieder in deinen Körper ein, indem du ihn mit deiner Aufmerksamkeit einmal vollständig durchwanderst und dich so wieder mit ihm verbindest. Erst dann öffnest du deine Augen und beendest die Übung.

MENTALE TORE – TECHNIKEN ZUR FERNWAHRNEHMUNG

Die Technik der Fernwahrnehmung versetzt dich in die Lage, mit deinem Geist zu einem beliebigen Ort – bei dem es sich sogar um einen fernen Planeten handeln kann! – zu reisen und diesen mit allen Sinnen zu erkunden, so, wie alles, was dort gerade vor sich geht. Es handelt sich hier um eine sehr fortgeschrittene Technik, die sich mit etwas Übung sogar auf Reisen in die Vergangenheit und Zukunft ausdehnen lässt. Wobei die Zukunft immer mit Vorsicht zu genießen ist, denn eine feststehende Zukunft existiert nicht! Es gibt lediglich eine Vielzahl an Möglichkeiten, wie die Zukunft sich entwickeln könnte. Wenn du eine Reise in die Zukunft unternimmst, wirst du immer die Möglichkeit sehen, die von deinem aktuellen Standpunkt aus am wahrscheinlichsten ist. Jedoch kann sich diese Wahrscheinlichkeit auch durch die kleinsten Ereignisse noch drastisch verändern, weshalb ich dir rate, dich auf die Gegenwart und falls notwendig, die Vergangenheit zu konzentrieren.

Mit diesen Techniken erhältst du ein machtvolles Werkzeug an die Hand, weshalb du dir bereits an dieser Stelle über deine persönliche Verantwortung klar werden solltest. Jede Form von Macht lässt sich zum Guten einsetzen oder missbrauchen. Die Fernwahrnehmung versetzt dich zum Beispiel auch in die Lage, Dinge in Erfahrung zu bringen, von denen andere nicht wollen, dass du darüber Kenntnis hast. Klar gesagt, Fernwahrnehmung eignet sich hervorragend zur Spionage und wird von Geheimdiensten sämtlicher Länder zu eben diesem Zweck eingesetzt. Zumindest wird dies in Verschwörungstheoretikerkreisen immer wieder gern behauptet, besonders von der CIA, dem US-amerikanischen Geheimdienst. Ob dies nun der Wahrheit entspricht oder nicht, darüber kann man nur spekulieren. Da ich jedoch aus eigener Erfahrung weiß, dass Fernwahrnehmung tatsächlich funktioniert, halte ich es für mehr als wahrscheinlich. Das Szenario der Spionage wirst du zu Übungszwecken sogar durchführen müssen, jedoch sollten hier natürlich nur eingeweihte Personen das Ziel sein. Andernfalls hättest du ohnehin keine Möglichkeit, die Richtigkeit deiner Wahrnehmung zu überprüfen!

Das innere Kontrollzentrum

Beim inneren Kontrollzentrum handelt es sich um eine meiner persönlichen Lieblingstechniken, da sie sehr vielseitig anwendbar ist, also nicht nur als Methode zur Fernwahrnehmung. Sie lässt sich beliebig anpassen, um zum Beispiel telepathisch zu arbeiten oder auch zu channeln. Dieses Kontrollzentrum ist natürlich nur eine Visualisierung, die dir dabei hilft, deine Intention klar zu setzen und dabei geschützt zu arbeiten. Zur Vorbereitung ist es zunächst notwendig, eine zweite Person hinzuzuziehen. Mit dieser Person verabredest du einen bestimmten Ort, an dem sie sich zur Zeit deiner Fernwahrnehmungsübung aufhalten soll. Es ist wichtig, dass dieser Mensch zu dem verabredeten Zeitpunkt einige Dinge vorbereitet, die später der Überprüfung dienen sollen. Dabei kann er seiner Phantasie freien Lauf lassen, du darfst davon nur nichts wissen. Er könnte zum Beispiel eine Kleidung tragen, die du nicht kennst und später beschreiben musst. Es wäre auch gut, einige Worte, die du vorher natürlich nicht weißt, auf ein Blatt Papier zu schreiben und sichtbar im Raum zu hinterlegen. Auch Musik, die von dieser Person ohne dein Wissen ausgewählt wird, ist gut zur späteren Überprüfung geeignet.

Ca. eine halbe Stunde, bevor der verabredete Zeitpunkt eintritt, musst du dich zumindest in einen tiefen meditativen Zustand versetzen, wozu du am besten die Meditation „Der stille Ozean“ nutzen kannst. Wenn du innerhalb dieser Meditation am Ende angelangt bist, konzentrierst du dich erst einmal nur noch auf die Schwärze um dich herum und darauf, mit deinem Geist noch tiefer loszulassen. Je stiller es in dir ist, ohne dass du geistig abdriftest, desto besser. Nutze zur besseren Konzentration die Technik, mit den physischen Augen auf das dritte Auge zu schielen, so bleibst du geistig wach. Sobald du das Gefühl hast, in der endlosen Schwärze zu schweben, lässt du ein neues, inneres Bild vor deinem geistigen Auge entstehen. Um dich herum wird langsam ein runder Raum sichtbar, die Wände sind schmucklos und aus grauem Stein. Der Raum selbst ist leer und somit frei von jeglichen Ablenkungen. In deiner Vorstellung befindet er sich in deinem Kopf und stellt damit einen Ort der Sicherheit, Stille und Kontrolle dar, von dem aus du ungestört und gezielt medial arbeiten kannst. Es ist das Zentrum deiner Macht, aus dem heraus du Kommunikationskanäle und Tore in andere Welten oder zu anderen Orten öffnen kannst.

Setze dich nun in die Mitte deines Kontrollzentrums und visualisiere, wie in der Wand vor dir eine Tür entsteht. Gestalte die Tür so, dass sie optisch mit der Person, die du besuchen willst, zu tun hat. So könnte die Tür zum Beispiel in der Lieblingsfarbe dieses Menschen gestaltet sein und seinen Namen als Schriftzug tragen. Je mehr die Tür dich an den Menschen erinnert, desto sicherer gelangst du auch an dein Ziel. Sobald du die Tür klar erkennen kannst, stehst du auf und öffnest sie. Vor dir siehst du nun einen Tunnel aus Licht, der sich scheinbar endlos erstreckt. In deiner Vorstellung verlässt du jetzt deinen Körper, du lässt ihn also in deinem Raum zurück, und schwebst in den Tunnel hinein. Folge diesem Lichttunnel so lange, bis du den Ausgang erkennen kannst. Sollte dies nicht von allein geschehen, konzentriere dich noch einmal deutlich auf dein Ziel und visualisiere einen Ausgang, durch den du dann hindurchschwebst.

Du solltest nun am verabredeten Ort und bei der Person eintreffen, mit der du diese Übung durchführen willst. Du kannst dich dort frei bewegen, nimm dir Zeit, um dich genau umzusehen und dir so viele Details wie möglich zu merken. Besonders die ersten Male, an denen du dich in dieser Technik versuchst, wirst du vermutlich noch nicht allzu viel um dich herum wahrnehmen können. Anfangs erscheint der Zielort meist wie in tiefem Nebel und es bedarf größter Konzentration, auch nur wenige Details zu erkennen, die sich hinterher möglicherweise auch als falsch herausstellen. Lasse dich davon auf keinen Fall entmutigen, sondern übe einfach weiter. Das Problem, das an dieser Stelle auftritt, liegt in mangelndem Vertrauen in deine Wahrnehmung begründet. Anfangs glaubt man noch nicht so richtig, dass es tatsächlich möglich ist, mit seinem Geist auf diese Art zu reisen und dabei sogar tatsächliche Ergebnisse erzielen zu können. Dadurch blockierst du deine Wahrnehmung unbewusst selbst. Deshalb gehe bitte nicht mit einer Erwartungshaltung an diese Übung und mache sie nur mit einem Menschen, der Verständnis hat für deine mediale Arbeit. Gib dir selbst die Zeit, Vertrauen in dich zu finden, und nutze jeden noch so kleinen Fortschritt, dieses Vertrauen zu steigern.

Je nach persönlicher Ausgangslage kann es viel Übung brauchen, bis du diese Technik sicher beherrschst. Wenn es dir aber zunehmend gelingt, tatsächlich überprüfbare Dinge wahrzunehmen, kannst du beginnen, auch an andere Orte zu reisen, ohne Personen zu involvieren. Du kannst deine Wahrnehmung in diesem Fall dann nicht mehr, oder nur noch sehr begrenzt, überprüfen, weshalb es wichtig ist, vorher ausreichend Sicherheit in dieser Technik zu gewinnen.

Um deine Reise zu beenden, verlässt du den Ort auf dem gleichen Weg, auf dem du gekommen bist, und begibst dich wieder zurück in dein Kontrollzentrum. Dort setzt du dich wieder in die Mitte des Raumes und löst die Tür in deiner Vorstellung wieder auf. Diesen Schritt solltest du auf keinen Fall auslassen, ansonsten würdest du eine energetische Verbindung zu dem Ort und der Person offenlassen. Dies kann dazu führen, dass du sowohl Gedanken als auch Gefühle dieses Menschen wahrnimmst, auch wenn du die Meditation bereits beendet hast. Genauso würdest du energetische Veränderungen des Ortes spüren können. Beides sind absolut unerwünschte Effekte, da du solche Wahrnehmungen nach beendeter Arbeit höchstwahrscheinlich nicht mehr bewusst als Fremdwahrnehmung einstufen könntest. Dadurch würdest du dich von dir selbst entfernen und deine innere Balance verlieren.

Sobald du die Tür aufgelöst hast, kannst du das Bild des Raumes verblassen und zu Schwärze werden lassen. Lenke deine Wahrnehmung nun wieder auf deinen Körper, um dich bewusst damit zu verbinden, bevor du langsam zurückkehrst in dein Wachbewusstsein und die Augen öffnest. Schreibe anschließend sofort sämtliche Details auf, an die du dich erinnern kannst, denn diese können sonst sehr schnell verblassen, ähnlich wie ein Traum.

Das Flammentor

Beim Flammentor handelt es sich um eine etwas direktere Methode als bei dem zuvor beschriebenen, inneren Kontrollzentrum. Der Nachteil ist, dass du hier nicht so geschützt arbeitest, da du das Tor nicht in deiner eigenen, inneren Welt entstehen lässt. Ich möchte sie hier dennoch vorstellen, da nicht jede Technik für jeden gleich gut funktioniert. Auf diese Art kannst du dich an verschiedenen Methoden ausprobieren und so herausfinden, mit welcher du persönlich am besten klarkommst. Die Vorbereitung gleicht sich mit der vorigen Methode, sowohl was die Verabredung mit deiner Kontrollperson angeht als auch die vorige Meditation, um dich in den entsprechen–den Zustand zu versetzen. Für diese Variante der Fernwahrnehmung benötigst du allerdings noch eine weiße Kerze, die du direkt vor dir aufstellst und anzündest, bevor du dich in einen meditativen Zustand versetzt. Wähle hierfür bitte kein Teelicht, sondern eine möglichst lange Stabkerze, damit die Brenndauer ausreichend für die Zeit ist, die du zur Durchführung deiner geistigen Reise benötigst.

Wenn du so weit bist, dass du dich in einem tiefen, tranceähnlichen Zustand befindest und das Gefühl eines Schwebezustands erreicht ist, öffnest du deine Augen und blickst direkt in die Flamme der Kerze. Fokussiere den dunkelsten Punkt in dieser Flamme und starre für einige Minuten hinein, ohne dabei zu blinzeln. Wenn deine Augen zu brennen beginnen und du das Gefühl hast, sie nicht länger offenhalten zu können, schließe sie wieder. Das Bild der Flamme hat sich nun als farbiges Nachbild in deine Netzhaut eingebrannt, so dass du sie auch mit geschlossenen Augen immer noch deutlich vor dir sehen kannst. Da dieser Effekt jedoch nur für kurze Zeit anhält, musst du nun schnell und konzentriert arbeiten. Löse dich geistig aus deinem Körper und schwebe auf den dunklen Teil der Flamme zu, den du nun als Tor benutzt. Begebe dich in deiner Vorstellung hindurch und lasse wieder einen Tunnel aus Licht entstehen, der dahinter beginnt.

Für den Rest deiner Reise gilt nun das Gleiche wie in der vorigen Technik, diese unterscheidet sich lediglich in der Art des Eingangs. Wenn du zurückkommst, solltest du wieder den gleichen Weg zurück wählen, auf dem du gekommen bist, und dir ausreichend Zeit lassen, um dich wieder mit deinem Körper zu verbinden. Sobald du deine Augen wieder öffnest, musst du die Flamme der Kerze auslöschen. Dies ist gleichzusetzen mit dem Auflösen der Tür im inneren Kontrollzentrum und hat den gleichen Grund. Nutze diese Kerze von nun an ausschließlich für weitere Reisen dieser Art, andernfalls riskierst du mit einem erneuten Anzünden, dass sich unkontrolliert eine Verbindung zur Kontrollperson aufbaut.

ERWEITERUNG DES EIGENEN SELBST – EINS WERDEN MIT DER SCHÖPFUNG

Bevor wir uns dem abschließenden Thema deiner Hauptausbildung, dem Channeln, widmen können, gibt es noch eine meditative Übung, die dir hilft, dich selbst als Teil des Ganzen zu begreifen und somit dein Ego vorübergehend abzustreifen. Du nimmst dabei eine überpersönliche Perspektive ein, die dich mit allem, was existiert, verbindet. Diese Erfahrung wird dir drei wichtige Prinzipien deutlich vor Augen führen:

- Wie unbedeutend und gleichzeitig bedeutsam jeder einzelne von uns ist.
- Dass es kinderleicht ist, sich mit allem, was ist, zu verbinden, um Informationen zu erhalten, da ohnehin alles verbunden ist.
- Dass jedes Lebewesen den göttlichen Funken in sich trägt, nach Liebe, Sicherheit und Freiheit strebt und somit Respekt, Achtung, Liebe und Fürsorge verdient hat, ungeachtet seines Auftretens oder Erscheinungsbildes.

Für diese Übung begibst du dich bitte an einen Ort in der Natur, an dem du ungestört meditieren kannst. Suche dir dafür entweder ein Gewässer oder einen Baum aus, der dich besonders anspricht. Ich werde die Meditation für beide Fälle getrennt vorstellen, da sich beide in ihrer Durchführung unterscheiden.

Meditation mit einem Baum:

Bevor du mit der Meditation beginnst, solltest du zunächst einmal Kontakt aufnehmen mit dem Baum deiner Wahl. Berühre ihn, streichle seine Rinde, sprich liebevoll zu ihm. Bewundere seine Schönheit und bitte ihn darum, dass er dich in seine Geheimnisse einweihen möge. Setze dich nun bequem vor den Baum und beginne, ihn mit den Augen vollständig zu ergründen. Nimm dir Zeit dafür und nutze diese Momente, um zur Ruhe zu kommen und den Alltag hinter dir zu lassen. Wenn du dich entspannt und frei von deinen alltäglichen Sorgen fühlst, schließt du deine Augen und beginnst, dich in einen meditativen Zustand zu versetzen. Dafür nutzt du die erweiterte Atemtechnik aus der Grundausbildung mit folgender Autosuggestion: „Ich bin ein Teil des Ganzen".

Lasse dich so tief in die Mediation sinken, wie es dir möglich ist, dann beende die Suggestion und beginne, das Bild des Baumes vor deinem geistigen Auge entstehen zu lassen. Wenn du ihn deutlich vor dir siehst, verlässt du in deiner Vorstellung deinen Körper und gehst mit deinem Geist in diesen Baum hinein. Dazu stellst du dir vor, wie du eins wirst mit dem Baum, du schlüpfst in ihn hinein und nimmst seine Form an. Dadurch kannst du fühlen, was der Baum fühlt. Richte nun deine Aufmerksamkeit auf die verschiedenen Teile des Baumes, wie du es sonst mit deinem Körper tun würdest. Fühle in den Bereich der Krone hinein, wie sich die starken Äste immer feiner verzweigen und vom Wind sanft geschüttelt werden. Spüre, wie Insekten auf seinen Ästen herumkrabbeln und an seinen Blättern nagen. Fühle die Vögel, die auf ihm sitzen und ihr Lied singen, nach Insekten picken oder ihr Nest in seine schützenden Äste bauen, um dort eine Familie zu gründen. Lass jetzt einfach zu, dass sich dir das zeigt, was sich zeigen will. Möglicherweise schlüpfst du für einige Zeit in die Perspektive eines Vogels oder Insekts, vielleicht bist du sogar der Wind selbst.

Deine Erfahrung wird sich mit zunehmender Zeit der Mediation verselbstständigen, jedoch solltest du immer so weit die Kontrolle behalten, dass du irgendwann zum Baum zurückkehren kannst. Erkunde dann die anderen Teile des Baumes, fahre mit deinem Fokus langsam über den Stamm hinunter zu den Wurzeln. Auf dem Weg dorthin begegnen dir wieder neue Erfahrungen, Gefühle und Lebewesen, mit denen du in Kontakt trittst. Wenn du bei den Wurzeln angelangt bist, folge ihnen bis tief unter die Erde. Erkunde ihre Verzweigungen und wie sie sich mit den Wurzeln anderer Bäume und Pflanzen umschlingen und ein dichtes Netz bilden, dass sich weit hinaus über den Ort, an dem du dich befindest, erstreckt. Dort unter der Erde begegnen dir wieder neue Lebewesen, die zwischen den Wurzeln Gänge graben und ein ganz eigenes Netzwerk erschaffen. Sie leben, jagen, fressen und lieben dort und du kannst für kurze Zeit mit ihnen verschmelzen und fühlen, was sie fühlen.

Achte darauf, dich für die Dauer der Meditation mit deinem Fokus aufzuspalten, in einen Teil, der bewusst erlebt, geschehen lässt und fühlt, und in einen Teil, der all dies von außen beobachtet. Dieser äußere Beobachter kann diese Reise durch die Schöpfung an jedem Punkt beenden und ist absolut notwendig, damit du dich nicht dauerhaft in der Erfahrung eines anderen Lebewesens verlierst. Lasse die Meditation so lange andauern, wie sie sich für dich gut anfühlt. Sollte sich ein Gefühl der Anstrengung bemerkbar machen, ist es spätestens an der Zeit, zum Ende zu kommen. Dafür richtest du deinen Fokus wieder auf den Baum und visualisierst, wie dein Geist diesen verlässt und in deinen Körper zurückkehrt. Verbinde dich nun mit geschlossenen Augen wieder mit deinem eigenen Körper, indem du bewusst in jeden Teil hineinfühlst. Konzentriere dich nun zunehmend auf deine Atmung und öffne schließlich die Augen, wenn du das Gefühl hast, wieder ganz bei dir zu sein. Bedanke dich bei dem Baum dafür, dass er dir diese Erfahrung hat zuteilwerden lassen, bevor du den Ort verlässt.

Meditation mit einem Gewässer

Für diese Übung eignet sich ein See, ein Bach, ein Fluss oder der Ozean selbst, wichtig ist nur, dass du zumindest eine kleine Ecke für dich hast, an der du ungestört bleiben wirst. Die grundsätzliche Vorgehensweise ist die gleiche wie beim Baum, du nimmst also zunächst einmal Kontakt zu dem Gewässer auf. Ich erwähnte ja bereits im Zusammenhang mit deiner medialen Initiation, dass Wasser ein ganz besonderes Element ist und dass jeder Wassertropfen bereits mit allem, was auf dieser Erde existiert, verbunden war. Alles Wasser auf diesem Planeten existiert in einem unendlichen, großen Kreislauf und kann aus spiritueller Sicht als einziger, gigantischer Organismus verstanden werden. Deshalb könntest du, falls du in deiner Umgebung keine natürlichen Wasserkörper zur Verfügung hast, diese Übung sogar in der Badewanne durchführen, ohne chemische Badezusätze versteht sich. Die Natur ist als Ort der Durchführung jedoch immer erste Wahl.

Die Verbindung mit Wasser ist also die beste Möglichkeit, Einheit mit der gesamten Schöpfung zu erfahren. Deine Kontaktaufnahme mit dem Wasser läuft ähnlich ab wie mit dem Baum, du betrachtest es zunächst einmal in seiner Gänze, achte darauf, wie die Sonne Reflektionen auf seiner Oberfläche hinterlässt, die sich in den Wellen brechen. Sieh, wie der Wind Einfluss nimmt auf Strömung und Wellenform, betrachte die Tiere, die sich im und um das Wasser herum tummeln. Als Nächstes berührst du das Wasser, tauche deine Hände und Arme, deine Füße und Beine hinein, wenn möglich, nimm ein volles Bad in dem Gewässer und spüre bewusst, wie das Wasser sanft deine Haut umschmeichelt. Visualisiere, wie das Wasser dich energetisch reinigt und all deine Sorgen und Nöte mit sich fortträgt. Sprich in Gedanken zu diesem Gewässer, als wäre es ein Lebewesen. Bedanke dich für die Reinigung, bewundere seine Reinheit, die Kraft, mit der es Leben schenken und gleichzeitig vernichten kann, und bitte darum, dass es dich in seine Geheimnisse einweihen möge.

Setze dich anschließend bequem vor das Wasser und beginne mit der erweiterten Atemtechnik und der gleichen Autosuggestion, wie bei der Technik mit dem Baum: „Ich bin eins mit der gesamten Schöpfung". Wenn du einen tiefen, meditativen Zustand erreicht hast, verlässt du im Geiste wieder deinen Körper und spaltest deinen Fokus, wie in der Übung mit dem Baum. Schwebe nun in das Wasser hinein und nimm seine Form an, fühle, was das Wasser fühlt. Spüre die Spannung an der Oberfläche und wie der Wind damit spielt und Strukturen erzeugt. Fühle, wie die Oberfläche durchdrungen wird von Vögeln, die auf dem Wasser schwimmen, um zu jagen oder ein Bad zu nehmen. Verbinde dich für eine Weile mit diesen Vögeln, bevor du weiter erkundest, so die Äste, die ins Wasser ragen und dich mit der Welt der Pflanzen über Wasser und Lebewesen aus Luft und Erde verbinden. Kehre wieder zurück und lenke deinen Fokus auf die unteren Wasserregionen, sinke dabei langsam immer tiefer. Begegne den Lebewesen des Wassers, Fischen, Schnecken, Krebsen und Pflanzen und verbinde dich mit ihnen.

Kehre immer wieder zum Wasser zurück und lasse dich langsam in den Grund des Gewässers hineinsinken. Erkunde, wohin das Wasser unter dieser Oberfläche fließt, wie es unterirdische Ströme bildet und sich auf diese Weise an anderen Orten mit anderen Gewässern verbindet. Fühle, wie es unterwegs zahllose Pflanzen nährt, die ihre Wurzeln bis ins Grundwasser hineingetrieben haben. Verweile auch in dieser Erfahrung, solange es dir beliebt und du keine Anstrengung verspürst. Sobald du genug hast, kehre im Geiste in deinen Wasserkörper zurück und löse dich von ihm. Vereine dich wieder mit deinem Körper und beende die Meditation wie in der Übung mit dem Baum. Bevor du den Ort verlässt, bedanke dich auch bei dem Gewässer dafür, dass es dir diese wundervolle Erfahrung hat zuteilwerden lassen.

Diese beiden Mediationsübungen solltest du mindestens einmal in der Zeit deiner medialen Ausbildung gemacht haben, um die Besonderheit dieser Erfahrung erlebt zu haben. Sie dienen lediglich als grundsätzliche Vorbereitung darauf, dich mit anderen Wesen zum Zwecke des Channelns zu verbinden, weshalb du sie nicht in deinem Arbeitsplan finden wirst. Selbstverständlich steht es dir jedoch frei, diese Meditationen nach eigenem Belieben so oft zu wiederholen, wie du möchtest.

MEDITATION UND TRANCE

Du hast bereits im Laufe deiner Grundausbildung verschiedene Meditationstechniken erlernt und diese durch die verschiedenen Techniken der Hauptausbildung erweitern können; was nun noch fehlt, ist die Trance. Doch wo ist eigentlich der Unterschied zwischen einem meditativen Zustand und einer Trance? Im Bereich der Esoterik und Medialität wird zwar meist klar zwischen diesen beiden Zuständen unterschieden, jedoch ist diese Unterscheidung meiner Meinung nach nicht so einfach und selbstverständlich, wie sie immer dargestellt wird. Worauf man sich sicherlich einigen kann, ist die Tatsache, dass beide Zustände einem veränderten Bewusstseinszustand entsprechen. Das bedeutet, sie gehen mit einer Veränderung deiner Hirnwellenaktivität einher und genau hier entsteht das Problem der Unterscheidung. Es gibt nämlich so gut wie keine wissenschaftlichen Untersuchungen dazu, welche Gehirnwellen während dieser beiden Zustände dominieren. Somit ist eine tatsächliche Unterscheidung nicht möglich.

Um das verständlicher zu machen, möchte ich kurz die Thematik der unterschiedlichen Wellenmuster, die in deinem Gehirn auftreten können, näher erläutern. Dazu solltest du zunächst einmal wissen, dass Nervenreize sowohl im Gehirn als auch im gesamten vegetativen Nervensystem deines Körpers elektromagnetisch übertragen werden. Dadurch entsteht elektromagnetische Strahlung, die für uns messbar ist. Forschungen haben dabei fünf verschiedene Frequenzbereiche entdeckt, innerhalb derer unser Gehirn normalerweise arbeitet. Diese verschiedenen Frequenzbereiche möchte ich hier nun kurz auflisten und beschreiben:

Delta-Wellen – 0,5-3 Hz

Der Bereich der Delta-Wellen stellt so etwas wie den Regenerationsmodus des Gehirns dar. Diese Wellen treten während der traumlosen Tiefschlafphase auf und entsprechen somit einem vollkommen unbewussten Zustand. Der Körper benötigt diesen Zustand vor allem zur Regulierung und Stimulation des Immunsystems und zur Ausschüttung bestimmter Hormone. Doch auch für die Psyche haben Delta-Wellen eine wichtige Bedeutung, denn in diesem Zustand sortiert das Unterbewusstsein die von der bewussten Wahrnehmung herausgefilterten Inhalte und bereitet sie für die Verarbeitung während der Traumphase vor.

Theta-Wellen – 3-7 Hz:

Theta-Wellen entsprechen einem Zustand tiefster Entspannung, sie treten vor allem in Phasen des Halbschlafs, während des REM-Schlafs (also der Traumphase) und bei der sogenannten Schlafparalyse auf, aber auch während der Meditation. Wenn dein Gehirn in diesem Bereich arbeitet, sind deine Bewusstseinsfilter inaktiv, deine Wahrnehmung ist also stark erweitert. Das Problem hierbei ist allerdings, dass diese Wahrnehmung kaum verarbeitet werden kann, denn das Bewusstsein ist hier so gut wie gar nicht aktiv.

Alpha-Wellen - 7-14 Hz:

Alpha-Wellen treten in einem entspannten Wachzustand auf, der jedoch nicht deinem normalen Wachzustand entspricht. Es handelt sich hier vor allem um den Zustand kurz nach dem Aufwachen, wenn dein Geist frisch und ausgeruht ist, aber noch kaum Gedankentätigkeit aufgenommen hat und nicht damit beschäftigt ist, Sinnesreize zu verarbeiten. Dies gilt vor allem für den optischen Sinn. Deshalb geht dein Gehirn automatisch in den Alpha-Zustand, wenn du für längere Zeit deine Augen schließt und dich entspannst. Auch während einer leichten Meditation treten Alpha-Wellen auf.

Beta-Wellen - 14-30 Hz:

Beta-Wellen treten immer dann auf, wenn du dich konzentrierst oder nachdenkst und dabei wach, also nicht müde bist. Gleichzeitig kann dieser Zustand jedoch auch ein Indikator für Stress sein, denn wenn er zu lange ununterbrochen anhält und sich im Laufe des Tages nicht mit Alpha-Wellen abwechselt, bedeutet dies für den Körper eine enorme Anstrengung.

Gamma-Wellen – ab 30 Hz:

Gamma-Wellen sind ein besonderer Zustand, der im Normalbetrieb praktisch nie erreicht wird. Es sind die schnellsten bisher gemessenen Wellenmuster, die im Gehirn auftreten können, und entdeckt wurden diese bisher vor allem bei Mönchen mit einer hohen Meditationspraxis. Erreicht die Amplitude 40 Hz, hat dies eine Synchronisation beider Gehirnhälften zur Folge. Dieses Wellenmuster entspricht also einem Zustand höchster Konzentration und einer Form der Bewusstseinserweiterung, die bisher noch nicht erforscht ist.

Dass die Wahrnehmung in diesem Bereich überdurchschnittlich sein muss, liegt auf der Hand, jedoch richtet sich diese Form der Wahrnehmung vermutlich mehr nach innen als auf die Außenwelt. Somit stehen auch Gamma-Wellen, genauso wie Theta-Wellen, in Verdacht für eine außersinnliche Wahrnehmung.

Wie die obige Auflistung deutlich gemacht hat, ist bisher lediglich geklärt, welche Wellenmuster in meditativen Zuständen auftreten können. Untersuchungen an Meditierenden, vor allem an Mönchen mit einer hohen Meditationspraxis, haben jedoch gezeigt, dass die auftretenden Zustände selbst beim Meditieren höchst unterschiedlich sein können und dass diese scheinbar vor allem abhängig von der Tiefe der Meditation sind. Je tiefer der meditative Zustand, desto mehr Gamma-Wellen treten auf, jedoch abwechselnd, also in Kombination mit Theta- und Alpha-Wellen. Somit ist die beste Unterscheidung, die man zwischen Trance und Meditation treffen kann, die Tiefe der Meditation. Zur medialen Arbeit benötigt man nicht nur eine erweiterte Wahrnehmung, wie man sie im Theta-Wellen-Bereich hat. Auch entsprechende Bewusstseinsmuster, um diese Wahrnehmung zu verarbeiten, sind notwendig. Somit wäre eine Kombination aus Theta-Wellen mit Alpha- oder Gamma-Wellen ideal. Inwiefern ist es für die mediale Arbeit aber nun notwendig, diese Zusammenhänge zu verstehen?

Als ich selbst meinen bewussten Weg als Medium begann und die verschiedensten Meditations- und Trance-Techniken erlernte, fand ich mich ehrlich gesagt zunehmend verwirrt. Niemand konnte mir den Unterscheid zwischen Trance und Meditation erklären, die verschiedenen Techniken glichen sich im Aufbau prinzipiell sehr stark und meine Verwirrung führte schlussendlich zu einer vollständigen Blockade. Da ich nämlich lange Zeit davon ausging, die beiden Zustände müssten sich doch prägnant voneinander unterscheiden, versuchte ich, etwas zu erreichen, das unmöglich war, und mein Unterbewusstsein bremste mich an dieser Stelle aus. Erst als ich von der wissenschaftlichen Seite an dieses Thema heranging und verstand, dass der Übergang von einem Zustand in den anderen fließend ist und beides sich grundsätzlich gleich anfühlt, nur von unterschiedlicher Tiefe, löste sich meine Blockade.

Deshalb hielt ich es für wichtig, dir diese Zusammenhänge zu erklären, bevor ich im nächsten Kapitel eine letzte Technik im Zusammenhang mit dem Vorgang des Channelns vorstelle.

CHANNELN

Die folgende Technik zur Vorbereitung und Durchführung eines Channelings habe ich mir selbst erarbeitet und erfahrungsgemäß führt sie in einen Zustand tiefster Entspannung, während dein Geist leer und gleichzeitig wach und voll konzentriert bleibt. Somit erreichst du den idealen Ausgangszustand zum Channeln, wo es schließlich darum geht, einen Kommunikationskanal zu öffnen. Hierzu musst du konzentriert und wach sein, um die Botschaft empfangen zu können, während sich eigene Gedanken und damit Bewertungen als vollkommen störend darstellen würden. Trotzdem musst du in der Lage sein, die empfangene Botschaft auch noch zu kommunizieren. In dem Bewusstseinszustand, in den dich die folgende Technik führt, gelingt dir dies am besten und ich vermute, dass er vor allem geprägt ist von Gamma- und Theta-Wellen. Bevor du mit dem Channeln beginnst, solltest du dir überlegen, auf welche Weise du die empfangene Botschaft festhalten möchtest. Für mich persönlich hat sich das Aufschreiben während des Channelns als praktikabelste Methode erwiesen, andere Channel-Medien bevorzugen jedoch, die Nachricht während des Channelings auszusprechen. Dafür kannst du entweder ein Aufnahmegerät nutzen, wenn du allein arbeitest, oder die Botschaft direkt an die Person weitergeben, für die sie bestimmt ist. Dafür muss dieser Mensch natürlich anwesend sein, was sich gerade für Anfänger jedoch als sehr störend erweisen kann. Gerade für deine ersten Übungssitzungen solltest du also entweder Zettel und Stift, bzw. anderes Schreibmaterial wie einen Laptop, oder aber ein Aufnahmegerät bereitlegen. Wenn du die Botschaft aussprechen und aufzeichnen möchtest, bereite das Aufnahmegerät, z. B. dein Handy, bitte so weit vor, dass du nur noch auf „Start“ drücken musst, um dich nicht aus der Trance zu reißen.

Die nächsten, sehr wichtigen Vorbereitungen betreffen deine Frage und das Wesen, an das du diese Frage richten möchtest. Gerade zu Beginn solltest du dich auf eine wesentliche Frage beschränken, die nicht zu kompliziert ist, denn du musst in der Lage sein, diese inhaltlich im Geist zu behalten, ohne jedoch darüber nachzudenken. Nimm dir deshalb vor dem Channeling Zeit, überdenke deine Frage und filtere das Wesentliche heraus, versuche dann, diesen Inhalt in Bilder zu legen. Es ist einfacher, im Zustand tiefster Meditation oder Trance ein Bild zu behalten, als komplexe Gedanken. Denn Gedanken an sich würden deine Gehirnwellen wieder in eine ungewünschte Richtung beeinflussen. Mach dir auch Gedanken über das Ziel des Channelings, also das Wesen, dass deine Frage beantworten soll. Im Anschluss an diese Technik findest du eine Übersicht der Möglichkeiten, welche Wesenheiten du channeln kannst und wie du mit ihnen arbeiten kannst. Es ist wichtig, dass du vor Beginn der Sitzung auch von der angestrebten Wesenheit ein Bild vor Augen hast, welches sozusagen als Zielkoordinate dient.

Setze dich nun aufrecht, aber bequem hin und schließe deine Augen. Konzentriere dich jetzt auf deine Atmung und zähle zum Einatmen bis sechs, zum Ausatmen bis zwölf. Indem du länger aus- als einatmest, führst du deinen Körper automatisch in einen entspannten Zustand, in dem Stresshormone abgebaut werden. Es handelt sich hierbei um eine Technik aus Angstbewältigungstrainings, die auch sehr gut geeignet ist, einen Zustand absoluter Tiefenentspannung herbeizuführen. Sobald du merkst, dass dein Geist beginnt, abzudriften, richtest du deine Augen wieder unter den geschlossenen Lidern auf dein drittes Auge aus, so, wie du es aus den vorangegangenen Übungen kennst. Zusätzlich legst du die Zungenspitze an den Gaumen an und konzentrierst dich darauf, sowohl deine Augen als auch die Zungenspitze in dieser Position zu belassen. Dieser etwas merkwürdig anmutende, aber sehr hilfreiche Trick stammt aus Hypnosetechniken. Er ist sehr wirksam, wenn es darum geht, bei zunehmender Entspannung des Geistes wachsam und konzentriert zu bleiben.

Du hörst jetzt auf, beim Atmen zu zählen, und veränderst auch den Rhythmus und die Tiefe deiner Atmung. Atme jetzt so flach wie möglich, ohne dabei das Gefühl von Sauerstoffmangel zu bekommen. Dies wird dir helfen, dein Bewusstsein noch tiefer in die Trance zu führen. Konzentriere dich nun auf das Bild des Wesens, das du mit deinem Channeling ansteuerst. Achte darauf, möglichst keine Worte in deinem Geist zu formen. Lasse das Bild langsam vor dem geistigen Auge entstehen, während du immer noch auf dein drittes Auge schielst. Sobald ein klares und deutliches Bild entstanden ist, konzentrierst du dich nun auf das Bild deiner Frage, das du vor der Sitzung im Geiste entworfen hast. Lasse auch dieses Bild langsam deutlicher werden, bis du den Impuls bekommst, dass deine Frage beim Ziel angekommen ist. Nun kommt der schwierigste Teil.

Öffne jetzt deine Augen, aber sieh dich auf keinen Fall um. Entweder startest du nur kurz dein Aufnahmegerät und schließt deine Augen sofort wieder oder du nimmst Stift bzw. Tastatur zur Hand und blickst starr auf Papier oder Bildschirm. Du musst jetzt unter allen Umständen offen, konzentriert und in dem veränderten Bewusstseinszustand bleiben, also lass dich nicht ablenken von dem, was um dich herum ist. Wenn du bereits geübt bist, wird die Nachricht jetzt einfach aus dir herausfließen, indem du einfach beginnst, entweder zu schreiben oder zu sprechen. Dabei darfst du dich nicht auf den Sinn der Worte, die da kommen, konzentrieren, du dienst lediglich als Kanal, diese zu Papier oder auf Tonband zu bringen! Lass es einfach geschehen, indem du dir vorstellst, du wärst nur ein Werkzeug und jemand anders würde deine Hand führen oder deinen Körper zum Sprechen benutzen.

Für Anfänger ist dieses Stadium am schwierigsten und die ersten Sitzungen enden oft unvollendet an dieser Stelle, weil der Informationsfluss sich einfach nicht einstellt. Hierfür sind wieder unbewusste Blockaden zuständig und diese können aus verschiedenen Gründen entstehen. Manchmal ist es Angst, sich einem fremden Wesen einfach so hinzugeben, häufig sind es aber auch Zweifel an der Tätigkeit selbst. Wenn bei dir Probleme an dieser Stelle auftreten, musst du deshalb erst einmal in dich blicken, um die Ursache zu ergründen. Wenn es sich um Angst handelt, mache dir bewusst, dass Angst vollkommen unangebracht ist. Es ist zwar ungemein wichtig, bei der medialen Arbeit und besonders beim Channeln größte Vorsicht walten zu lassen, doch wenn du dich entsprechend vorbereitest und sicherstellst, dass deine energetische Frequenz ausreichend hoch ist, gibt es keinen Grund für Angst. Es ist im Gegenteil so, dass Angst dich in eine sehr niedrige Schwingung versetzt, die negative Wesenheiten geradezu anzieht. Somit führt die Angst genau zu dem, was sie befürchtet, weshalb du dich unbewusst blockierst.

Die Zweifel sind meist weit schwieriger zu überwinden und befallen jeden irgendwann, besonders natürlich Anfänger. Jedoch musst du es nur ein einziges Mal schaffen, über diese Blockade hinwegzukommen, da das Ergebnis deine Zweifel abschwächen wird. Außerdem bekommst du, sobald es funktioniert und die Botschaft tatsächlich durch dich hindurchfließt, ein Gefühl für diesen Vorgang. Das wird dir bei den nächsten Malen sehr helfen, leichter den Informationsfluss herzustellen. Für mich konnte ich diese „Zweifel-Blockade“ mit einem einfachen Trick überwinden:

Auch wenn ich noch nicht das Gefühl hatte, irgendetwas zu empfangen, was ich hätte niederschreiben können, fing ich einfach an, wild drauf loszutippen, ohne darauf zu achten, was ich da schreibe und ob es einen Sinn ergibt. Bereits nach kurzer Zeit, vielleicht ein bis zwei Minuten, bemerkte ich jedoch, dass ich plötzlich zusammenhängende Sätze schrieb und konnte endlich loslassen und mich dem Vorgang hingeben.

Solltest du also bei deinen ersten Versuchen ebenfalls auf Schwierigkeiten an dieser Stelle stoßen und herausfinden, dass du Zweifel hast an deinen Fähigkeiten oder der Methode des Channelns an sich, probiere es einmal mit dieser Methode.

Wenn sich der Informationsfluss dann einmal eingestellt hat, musst du deinen Geist in eine Art Beobachterposition bringen. Dafür kann es sehr hilfreich sein, dir vorzustellen, wie du dir selbst von außen zusiehst. Halte unbedingt deine eigenen Gedanken und Interpretationen von dir fern, versuche nicht, den Sinn der Worte zu erfassen, die durch dich hindurchfließen. Wenn der Informationsfluss dann irgendwann endet, schließe deine Augen wieder und bedanke dich im Geist beim Sender der Botschaft. Atme ein paarmal tief durch und lenke deine Konzentration in deinen Körper, um wieder mit dir selbst in Kontakt zu kommen und dich zu erden. Nimm dir ein paar Minuten Zeit, bevor du die Augen wieder öffnest und die Sitzung beendest. Erst jetzt darfst du dich dem eigentlichen Inhalt der Botschaft, die du soeben gechannelt hast, zuwenden und ich garantiere dir, dass du jetzt vor der nächsten Herausforderung stehst!

Der Inhalt wird dir unwahrscheinlich oder gar unmöglich vorkommen, du wirst das Gefühl haben, dass da überhaupt kein Kontakt bestand und du dir die Botschaft nur selbst ausgedacht hast. Das ist vollkommen normal und du bist jetzt wieder einmal gefordert, absolutes Vertrauen in deine Fähigkeiten zu beweisen. Wenn du die Botschaft an den Empfänger weiterleitest, wirst du mehr als erstaunt sein, wie viel Sinn sie für diesen zu ergeben scheint. Dies wird dir helfen, mehr und mehr Selbstvertrauen zu entwickeln. Trotzdem kann ich dir aus eigener Erfahrung sagen, dass das Gefühl der Unwirklichkeit bezüglich der empfangenen Botschaft jedes Mal erneut auftreten wird, es schwächt sich lediglich immer mehr ab. Ich selbst hatte noch nach Jahren immer wieder mit diesem Gefühl zu kämpfen und musste es nach jedem Channeling erneut überwinden.

Hiermit endet der praktische Teil deiner Ausbildung, in dem du die wichtigsten Techniken der medialen Arbeit gelernt hast. Im Folgenden werden wir uns jedoch noch einigen wichtigen Fragen zur Gestaltung deiner medialen Arbeit widmen, darüber hinaus wirst du dich noch mit möglichen Zielen für Channelings vertraut machen.

Ziele und Möglichkeiten für Channelings

Wenn du so weit bist, dass du dein Handwerkszeug beherrschst, ist es an der Zeit, sich einmal grundlegende Gedanken über den vor dir liegenden, medialen Weg zu machen. Es bietet sich dir eine Vielzahl an Möglichkeiten, wie du deine neu erworbenen Fähigkeiten zu deinem eigenen Wohl und dem Wohle anderer einsetzen kannst. Diesbezüglich gibt es auch bei der Art des Channelns einige Unterschiede, die zu beachten sind. So existieren zum Beispiel einige Channel-Medien, die es sich zur Aufgabe gemacht haben, bestimmte Außerirdische, Erzengel oder aufgestiegene Meister zu channeln. Ihr Ziel ist es, deren Botschaften an die Menschheit weiterzuleiten, um so ihren Beitrag zur Verbesserung dieser Welt zu leisten. Doch wie bereits zu Beginn dieses Buches gesagt, musst du nicht auf diese Weise arbeiten, um der Welt zu dienen.

Möglicherweise möchtest du mit deiner medialen Arbeit auch deinen Lebensunterhalt verdienen, in diesem Fall wirst du eher selten mit Erzengeln oder aufgestiegenen Meistern zu tun haben. Wenn du für andere Menschen channelst, um deren Fragen zu beantworten oder einen Beitrag zu leisten, ihre Probleme zu lösen, wirst du hauptsächlich deine Geistführer, Verstorbene oder andere Menschen channeln. Auch die Möglichkeit der Tierkommunikation steht dir offen, meist wird diese genutzt, um entweder verschwundene Tiere wieder aufzufinden oder im Falle einer Krankheit den Ursachen auf den Grund zu gehen.

Grundsätzlich kannst du alles channeln, was ein Bewusstsein hat, du solltest dir vorher jedoch über den Sinn des Ganzen im Klaren sein. Auch wenn es definitiv möglich ist, eine Pflanze, einen Stein oder sogar einen Berg zu channeln, stellt sich doch die Frage, unter welchen Umständen dazu eine Notwendigkeit bestünde. Solche Ziele für Channelings eignen sich jedoch hervorragend zum Üben. Ich stelle dir nun in einer Übersicht die wichtigsten und gängigsten Ziele für Channelings vor, aufgeteilt in verkörperte und unverkörperte Wesenheiten.

Unverkörperte Wesenheiten

Bei den sogenannten unverkörperten Wesenheiten handelt es sich um Wesen, die nicht Teil der materiellen Welt sind. Solche Wesen existieren auf der gesamten Bandbreite der Frequenzskala, also auf sehr niedrigschwingenden Ebenen bis hin zu sehr hochschwingenden Ebenen. Da es für deine mediale Arbeit natürlich nicht von Interesse ist, dich mit niedrigschwingenden Wesen zu verbinden, konzentrieren wir uns hier auf solche, die nicht nur hochschwingend sind, sondern es sich außerdem zur Aufgabe gemacht haben, der Menschheit zu helfen, zu dienen und sie zu unterstützen, oder auf jene, die zumindest zugänglich für die menschlichen Belange sind.

Aufgestiegene Meister

Bei den sogenannten aufgestiegenen Meistern handelt es sich um Seelen, die den irdischen Leidensweg hinter sich gelassen und sich über die Physis hinaus entwickelt haben. Sie verweilen in höheren Dimensionen und sind grundsätzlich dafür offen, der Menschheit dabei zu helfen, ihren eigenen Entwicklungsweg voranzubringen. Jedoch solltest du die aufgestiegenen Meister nicht als Anlaufstelle für die persönlichen, alltäglichen Probleme betrachten, die uns Menschen plagen. Ihre Botschaften sind eher globaler Natur und richten sich an die gesamte Menschheit, wobei sie meist Bezug auf die großen gesellschaftlichen Probleme nehmen und Lösungsansätze dafür vorschlagen. Sie geben eine Richtung vor, überlassen die Entscheidung, diese einzuschlagen oder nicht, aber immer uns Menschen. Dabei sind die aufgestiegenen Meister grundsätzlich geprägt von einer Schwingung der bedingungslosen Liebe, gepaart mit grenzenlosem Verständnis für die Ängste, Sorgen und Nöte der Menschheit.

Es existiert eine große Vielzahl an aufgestiegenen Meistern, über die im Einzelnen zu berichten den Rahmen dieses Buches sprengen würde. Um hier ein paar der Bekannteren zu nennen, kämen vor allem Jesus Christus, Maria und Saint Germain in Frage. Wenn du tiefergehendes Interesse an diesem Thema hast, gibt es einige sehr gute Bücher, die sich detailliert mit den einzelnen Meistern und ihren Eigenschaften beschäftigen. Möchtest du diese Wesen channeln, solltest du dich vorab unbedingt eingehend mit ihnen befassen, was natürlich für sämtliche Wesenheiten gilt, mit denen du Kontakt aufnehmen möchtest.

Erzengel

Die Erzengel sind, ähnlich wie die aufgestiegenen Meister, Wesenheiten, die du nicht channeln solltest, um Hilfe bei persönlichen Angelegenheiten zu erhalten. Mir ist bewusst, dass es zwar viele Medien gibt, die genau das tun, jedoch halte ich die Gefahr, hierbei an niedere Wesenheiten zu geraten, die nur vorgeben, ein Erzengel zu sein, für zu groß. Die energetische Frequenz dieser Wesen ist so hoch, dass es für Menschen kaum möglich ist, ihr auch nur annährend nah genug zu kommen, um erfolgreich ein Channeling durchzuführen. Hinzu kommt, dass die Erzengel ihre Aufgabe auch eher darin sehen, der Menschheit als Ganzes zu helfen, indem sie Wegweiser und Rat für gesellschaftliche und globale Probleme geben.

Aus meiner persönlichen Erfahrung heraus rate ich davon ab, den Versuch zu unternehmen, die Erzengel oder aufgestiegenen Meister zu channeln, bevor du nicht mindestens einige Jahre Praxis hast und jederzeit in der Lage bist, deine Frequenz entsprechend hochzuhalten. Wenn du dann so weit bist, findest du sowohl im Internet als auch in zahlreichen Büchern eine Menge Informationen über die einzelnen sieben Erzengel. Denn auch diese Wesenheiten solltest du im Detail kennen, bevor du sie kontaktierst.

Götter

Mit Göttern sind die zahlreichen Gottheiten aus den unterschiedlichen Pantheons der verschiedensten Kulturen gemeint. Als Beispiel möchte ich hier einige der bekanntesten Gottheiten aus dem nordisch-germanischen Pantheon anführen, die zum Teil auch ihren Einzug in die Literatur und in Filme gefunden haben: Loki, Thor und Odin. Doch auch Götter aus anderen Kulturen, wie zum Beispiel Aphrodite, Isis und Athene, erfreuen sich auch heute noch großer Bekanntheit und Beliebtheit.

Gottheiten werden hauptsächlich von Paganisten und Wicca-Anhängern in ihre Arbeit mit einbezogen, dort werden ihnen Opfer in Form von Räucherungen, Speisen und Getränken gebracht und sie werden um Hilfe bei bestimmten, manchmal magischen Vorhaben gebeten. Doch auch für Channelings sind diese Wesen offen und zugänglich und einige von ihnen sind den Menschen besonders zugewandt. Sie helfen auch bei persönlichen Problemen, geben Rat, Mut oder was auch immer gerade benötigt wird. Wenn du eine Gottheit channeln möchtest, solltest du dir im Vorfeld alles Wissen über den speziellen Gott aneignen, dessen du habhaft werden kannst. Das Internet ist dafür immer eine gute und ausgiebige Quelle. Götter sind sehr individuelle Wesenheiten, die uns Menschen zwar überlegen, charakterlich jedoch durchaus ähnlich sind. Sie schätzen es, wenn man sich vor Kontaktaufnahme mit ihnen beschäftigt hat, und sind dem Fragesteller dann sehr viel geneigter.

Geistführer

Mit deinen Geistführern kannst du im Prinzip auch ohne Channeling reden, auf telepathische Art, wie ich es bereits früher in diesem Buch beschrieben habe. Wenn du jedoch komplexe Fragen hast, ist ein Channeling immer vorzuziehen, da sich bei der Telepathie zu viele Fehler einschleichen können. Deine Geistführer sind die beste Anlaufstelle für die allermeisten Fragen, da sie Zugriff auf sämtliches Wissen haben. Auch wenn du die Fragen eines anderen Menschen channeln möchtest, kannst du dich direkt an deine persönlichen Geistführer wenden, statt an die des betreffenden Menschen. Für dich sind sie leichter zu erreichen, es besteht bereits eine enge Verbindung und die Botschaft kommt so viel klarer durch. Den Kontakt zu den Geistführern der anderen Person kannst du dabei getrost deinen eigenen überlassen.

Verstorbene

Beim Channeln von Verstorbenen gibt es einige Besonderheiten zu beachten. Je nachdem, wie ein Mensch aus dem Leben geschieden ist, ob es sich zum Beispiel um einen plötzlichen und traumatischen Tod oder um einen Selbstmord gehandelt hat, und auch abhängig von den Glaubensvorstellungen des Menschen zu Lebzeiten, kann es sein, dass diese Seele für Menschen nicht direkt erreichbar ist. Es kommt zum Beispiel vor, dass Menschen nicht begreifen, dass sie gestorben sind. Sie erschaffen sich dann eine eigene Realität, innerhalb derer sie so weitermachen, als wären sie noch am Leben. Genauso ist es möglich, dass ein Mensch mit sich vollkommen im Reinen war, bevor er starb. Diese Seele würde relativ schnell wieder neu inkarnieren.

In solchen Fällen erreichst du die Seele beim Versuch des Channelns nicht direkt, sondern kannst lediglich die im morphischen Feld vorhandene

Information darüber channeln. Das hat auf die Richtigkeit der Antwort zwar keinen direkten Einfluss, fühlt sich aber anders an. Im Normalfall wirst du bei der Kontaktaufnahme mit Verstorbenen die Energie dieser Seelen und ihre Anwesenheit sehr deutlich spüren. Dadurch bekommst du automatisch ein Gefühl der Sicherheit, was die Qualität deines Channelings angeht. Sollte sich dieses Gefühl nicht einstellen, kannst du davon ausgehen, dass die Seele entweder neu inkarniert ist oder irgendwo in einer Art selbst erschaffenen Dimension festhängt. Dies sind natürlich Informationen, die für die Verbliebenen von großer Bedeutung sein können, deshalb hielt ich es für wichtig, dich darüber aufzuklären.

Naturgeister

Es gibt eine große Anzahl unterschiedlichster Wesenheiten, die als Naturgeister bezeichnet werden, und ich erkläre gleich vorab, dass die meisten von ihnen den Menschen nicht besonders freundlich gesonnen sind. Naturgeister sind Wesen, die schon lange vor den Menschen auf der Erde weilten, sie leben in absolutem Einklang mit der Natur und kümmern sich zum Teil sogar um deren Schutz und Erhalt. Feen und Elfen sind zum Beispiel auf besondere Art mit der Pflanzenwelt verbunden und pflegen diese liebevoll. Das kleine Volk, auch als Zwerge bekannt, pflegt eine besondere Verbindung zu Gestein, den Bergen und auch dem Wald. Es gibt aber auch Wesen, die keine besondere Verbindung zur Natur haben, jedoch trotzdem zu den Naturgeistern gezählt werden. Dazu gehört zum Beispiel die Familie der Kobolde, die sich in verschiedene Untergruppen aufteilt.

Naturgeister sind jederzeit überall um dich herum und beobachten das Menschenvolk. Wer nicht gut mit der Natur, der Tierwelt oder anderen Menschen umgeht, zieht allein schon dadurch ihren Zorn auf sich. Doch selbst das respektlose Betreten eines Gebietes, das sie als das ihre betrachten, kann sie stark verstimmen. Sie gehen den Menschen im Normalfall aus dem Weg und wollen mit uns nichts zu tun haben, weshalb es schwierig ist, sie zu channeln. Wenn dies dein Ziel ist, solltest du zunächst darum bemüht sein, ihre positive Aufmerksamkeit zu erlangen. Dazu gehört nicht nur ein positiver Umgang mit der Natur- und Tierwelt, sondern auch Feinfühligkeit und Respekt ihnen selbst gegenüber. Besonders in naturbelassenen Gebieten solltest du sehr vorsichtig in die Ortsenergie hineinspüren und wenn du das Gefühl oder die Intuition hast, dass Naturgeister anwesend sind, bitte um Erlaubnis, bevor du den Ort betrittst. Dies kannst du im Geist tun, die Antwort wird sich meist in Form eines deutlichen Gefühls einstellen.

Wenn du auf diese Art ein gutes Grundverhältnis geschaffen hast, zeigen sich Naturgeister sehr offen und auch dankbar für Geschenke. Elfen und Feen mögen liebevolle Blumenarrangements, Kobolde lieben alles, was glitzert, und Süßigkeiten, Zwerge mögen Gold und edle Metalle. Von allen Naturgeistern gern genommen werden kleine Opfer in Form von Körnern, Maismehl, Tabak und selbst zubereitete Speisen, zum Beispiel selbst gebackenes Brot. Ein besonderes Opfer stellen deine eigenen Haare dar, denn sie tragen deine persönliche Lebensenergie. Wenn du ein weißes Haar gibst, wird dies als besonderes Geschenk betrachtet. Mit Naturgeistern musst du über einen langen Zeitraum eine gute Beziehung pflegen, bevor sie sich dir öffnen. Dann kann es sogar vorkommen, dass sie sich dir einmal zeigen und auch auf ein Channeling reagieren.

Menschen

Andere Menschen zu channeln ist im Grunde genauso einfach wie das Channeln deiner Geistführer. Du musst hier nichts weiter beachten als die Grundregeln, die du jedem Wesen gegenüber anbringen solltest: Respekt und Höflichkeit. Eines möchte ich dir aber dennoch mit auf den Weg geben zum Thema Menschen channeln: Viele Medien sind der Meinung, sie bräuchten bestimmte Informationen über die Zielperson, meist handelt es sich dabei um ein Foto, den vollständigen Namen, oft noch den Geburtsnamen und das Geburtsdatum. Grundsätzlich spricht natürlich nichts dagegen, diese Informationen zu haben, vor allem, wenn es dem Medium dabei hilft, den Kontakt herzustellen. Wirklich notwendig sind all diese Informationen jedoch nicht, denn im Grunde benötigst du nicht einmal einen Vornamen, auch wenn du diesen aus Gründen des Respekts kennen solltest. Du brauchst zum Channeln eines Menschen aber nichts weiter als eine klare Intention, wen du erreichen willst. So kannst du zum Beispiel „den Freund deiner Nachbarin Maria“ mit genau dieser Zielsetzung channeln, ohne ihn jemals gesehen zu haben, seinen Namen zu kennen oder irgendetwas über ihn zu wissen. Wir alle sind miteinander verbunden, deshalb genügt die rein intentionale Ausrichtung auf eine bestimmte Person zur Kontaktaufnahme.

Tiere und Pflanzen

Tiere und Pflanzen zu channeln stellt sich meist etwas anders dar als die Kontaktaufnahme mit Wesen, die zu Sprache fähig sind. Grundsätzlich sind Tiere und Pflanzen zwar um einiges offener und damit auch leichter zugänglich, jedoch wirst du die gewünschten Informationen von ihnen logischerweise eher in Form von Gefühlen erhalten. Deine Aufgabe ist es dann, diese Gefühle in Worte zu übersetzen, wobei sich natürlich Fehler einschleichen können. Immerhin musst du die gechannelten Gefühle interpretieren und je nachdem, wie du persönlich ein bestimmtes Gefühl bewertest, kann sich diese Bewertung natürlich prägend auf die Übersetzung auswirken und diese verfälschen. Bei Tieren als Ziel besteht immer auch die Möglichkeit, dass du Bilder empfängst, zum Beispiel in Form von dem, was das Tier gerade um sich herum sieht. Dies kann passieren, wenn du versuchst, den Aufenthaltsort eines vermissten Tieres zu channeln. Auch ist es immer möglich, dass dein Gehirn die empfangenen Informationen von allein in Worte übersetzt, so dass es den Anschein macht, das Tier oder die Pflanze würde direkt zu dir sprechen. Deshalb gilt beim Channeln dieser Wesen besondere Vorsicht bei der Interpretation der empfangenen Botschaften. Hier ist allergrößte Offenheit notwendig, um wirklich stimmige Information zu erhalten. Deshalb eignen sich Tiere, die man gut kennt, oder die eigenen Zimmerpflanzen, hervorragend als Übungsobjekte, da die erhaltenen Informationen hier zumindest ein Stück weit überprüfbar sind.

(Edel)steine

Zu Beginn dieses Kapitels sprach ich davon, dass du grundsätzlich alles channeln kannst, was ein Bewusstsein hat. Nun fragst du dich möglicherweise, seit wann Steine über ein Bewusstsein verfügen. Deshalb möchte ich hier kurz erklären, was es damit auf sich hat. Bewusstsein meint in diesem Zusammenhang nicht zwangsläufig ein Ich-Bewusstsein, wie wir Menschen es kennen und wie es auch die meisten Tierarten haben. Dass man im esoterischen Kontext Steinen ein Bewusstsein zuspricht, hat eine andere Grundlage, die darauf basiert, dass alles, was im Universum existiert, ein Teil Gottes ist. Die gesamte Schöpfung ist Eins und durchdrungen vom göttlichen Bewusstsein. Deshalb kannst du prinzipiell wirklich alles channeln, sogar deinen Stuhl, deine Jacke oder die Sonne. Allein um der Erfahrung willen empfehle ich dir sogar, einmal solche Versuche zu unternehmen.

Steine oder Edelsteine zu channeln hat jedoch noch eine besondere Grundlage. Bestimmten Edelsteinen, besonders dem Bergkristall, spricht man die Eigenschaft zu, Informationen speichern zu können. Diese Steine nehmen nicht nur die Information von allem auf, womit sie in Berührung kommen, sondern sie können auch bewusst mit Informationen „beschrieben" werden, die dann später durch ein Channeling wieder ausgelesen werden können. Deshalb bietet sich auch hier wieder ein wundervolles Übungsobjekt an, für das ich dir an dieser Stelle noch eine kurze Übungsanleitung mit auf den Weg geben möchte. Dafür benötigst du einen Bergkristall, der nach Möglichkeit zumindest angeschliffen sein sollte.

Die Übung funktioniert auch mit Rohsteinen, jedoch hat meine Erfahrung gezeigt, dass ein Stein mit geschliffenen Spitzen oder sogar Facetten sich weit besser eignet. Polierte Steine funktionieren hierfür am schlechtesten und sind von daher nur bedingt für diese Übung geeignet. Vor der Übung reinigst du den Stein bitte unter klarem, kaltem Wasser und legst ihn zum Aufladen einige Stunden in die Sonne. Nun brauchst du noch eine weitere Person, die nach Möglichkeit auch mindestens sensitiv sein sollte, zumindest aber offen für Experimente. Diese Person soll sich nun eine halbe Stunde Zeit nehmen und sich möglichst in einem meditativen Zustand mit dem Stein hinsetzen. Es geht auch ohne Meditation, diese hilft nur, das „Beschreiben" des Steines mit Informationen effektiver zu machen. Die Person soll den Stein nun in die Hand nehmen und sich auf ein bestimmtes Wort oder ein Objekt konzentrieren. Auch ein Lied eignet sich gut für diese Übung. Natürlich darfst du vorher nicht wissen, worum es sich handelt. Alles, was die Person tun muss, ist, sich vorzustellen, dass die Information, auf die sie sich konzentriert, von ihrem Kopf über ihre Hand in den Stein fließt, und das eine halbe Stunde lang. Danach kann sie dir den Stein übergeben, den du dann channeln kannst, um herauszufinden, welche Information in ihm gespeichert wurde.

ARBEITSPLAN FÜR DEINE MEDIALE HAUPTAUSBILDUNG

Genauso, wie für deine Grundausbildung, möchte ich dir auch für den Hauptteil der Ausbildung wieder einen Wochenarbeitsplan für einen Monat zur Verfügung stellen. Damit möchte ich jedoch nicht sagen, dass die Ausbildung bereits nach einem Monat abgeschlossen ist. Allein für die Grundausbildung wirst du vermutlich mehr Zeit benötigen, natürlich abhängig von deinem persönlichen Ausgangspunkt. Der Hauptteil braucht jedoch noch weit mehr Übung, bis er tatsächlich sitzt und du damit anfangen kannst, ernsthaft auch für andere Menschen medial zu arbeiten. Ich würde dir raten, die hier erlernten Techniken mindestens ein halbes Jahr zu trainieren und somit zunächst nur für dich selbst und vielleicht für Familie und Freunde zu arbeiten. Der Plan unterscheidet sich von dem, den du aus deiner Grundausbildung kennst. Da die zu erlernenden Techniken um einiges anspruchsvoller sind und mehr Zeit beanspruchen, sind sie nicht oder nur bedingt dafür geeignet, sie nach dem Aufwachen oder vor dem Einschlafen durchzuführen. Auch solltest du es bei einer Technik pro Tag belassen, damit es nicht zu viel wird. Natürlich kannst du die vorgeschlagenen Trainingsintervalle auch hier wieder nach Belieben abändern und individuell für dich anpassen, achte nur bitte darauf, dass es abwechslungsreich bleibt. Überforderung ist einer der Hauptgründe für plötzlich auftretende Blockaden, manchmal ist weniger mehr!

Trainingsplan Woche 1

	Montag	Dienstag	Mittwoch	Donnerstag	Freitag
Frei wählbare Zeit im Laufe des Tages	Energiekörpermeditation	Drittes Auge erweitern	Fernwahrnehmung	Energetische Reinigung einer Person oder eines Ortes	Channeln

Trainingsplan Woche 2

	Montag	Dienstag	Mittwoch	Donnerstag	Freitag
Frei wählbare Zeit im Laufe des Tages	Fernwahrnehmung	Channeln	Energiekörpermeditation	Drittes Auge erweitern	Energetische Reinigung einer Person oder eines Ortes

Trainingsplan Woche 3

	Montag	Dienstag	Mittwoch	Donnerstag	Freitag
Frei wählbare Zeit im Laufe des Tages	Energiekörpermeditation	Drittes Auge erweitern	Energetische Reinigung einer Person oder eines Ortes	Fernwahrnehmung	Channeln

Trainingsplan Woche 4

	Montag	Dienstag	Mittwoch	Donnerstag	Freitag
Frei wählbare Zeit im Laufe des Tages	Drittes Auge erweitern	Energetische Reinigung einer Person oder eines Ortes	Energiekörpermeditation	Fernwahrnehmung	Channeln

Medialität im Alltag

Medialität besteht nicht nur aus dem Beherrschen bestimmter Fähigkeiten, sondern geht im Grunde weit darüber hinaus. Denn das Erlernen dieser Fähigkeiten bringt dich in Kontakt mit einer vollkommen neuen, stark erweiterten Sicht auf die Welt. Auch deine Verantwortung, dir selbst und allen anderen gegenüber, wächst im gleichen Maße, wie du lernst, medial zu arbeiten. Am meisten wirst du allerdings selbst wachsen und dabei vermutlich eine Menge aus deinem alten Leben hinter dir lassen. Dabei kann es sich um Menschen, aber auch um Gewohnheiten handeln. Medialität bringt eine ganz eigene Weltanschauung und Lebenseinstellung mit sich, denn wer einmal in dem Ausmaß hinter die Kulissen geblickt hat, wie du es während deiner Ausbildung tun wirst, der kann nicht mehr so weiter machen wie bisher. Veränderungen in deinem Leben sind also vorprogrammiert und darüber hinaus stehst du nun vor der Frage, wie du deine Fähigkeiten überhaupt einsetzen kannst und solltest.

Ob du nun vorhast, diese beruflich einzusetzen oder nur privat, du musst dir nun Gedanken darüber machen, wie dies überhaupt geschehen soll. Denn gerade im privaten Bereich rate ich dir davon ab, zu offenherzig mit deiner Medialität umzugehen. Damit meine ich nicht, dass du diese verstecken und nur allein ausleben solltest. Das wäre vollkommen unauthentisch und würde lediglich zu Blockaden führen. Vielmehr solltest du dir darüber im Klaren sein, dass andere Menschen, auch wenn sie deine Medialität akzeptieren, möglicherweise andere Glaubenssätze haben als du und deine mediale Hilfe vielleicht nicht wünschen. Deshalb solltest du diese nur dann anbieten, wenn du dir wirklich sicher bist, dass sie erwünscht ist. Genauso musst du dir über Grenzen im Klaren sein, zum Beispiel, dass du niemandem helfen darfst, wenn er es nicht will oder nichts davon weiß. Das gilt im Besonderen für Eingriffe in die Selbstbestimmung einer Person. Wenn du zum Beispiel jemanden kennst, der deiner Meinung nach dringend eine energetische Reinigung nötig hätte und dem diese auch wirklich helfen würde, du aber weißt, dass diese Person dafür nicht aufgeschlossen ist, dann darfst du auch nicht heimlich tätig werden.

Doch genug von dem, was du vermeiden solltest, wenden wir uns stattdessen lieber der Frage zu, wie du deine Medialität für dich und andere so einsetzen kannst, dass sie hilft, dein Leben und das der Menschen, die du liebst, besser zu machen.

Du hast deine Wahrnehmung inzwischen stark geschult, weshalb du in der Lage bist, Menschen weit tiefer zu verstehen als vor deiner Ausbildung. In einigen Fällen wirst du diese Menschen und ihre tieferen Beweggründe sogar besser verstehen, als sie selbst es tun. Genau hier setzt deine Verantwortung ein, anderen zu helfen. Jedoch nicht, indem du sie offen psychoanalysierst und ihnen sagst, was ihr Problem ist und wie sie es deiner Meinung nach lösen können. Niemand nimmt gern ungefragten Rat an oder lässt sich sagen, was er fühlt und denkt, wenn ihm das selbst nicht einmal klar ist. Mit diesem Verhalten würdest du nur das Gegenteil bewirken, nämlich, dass die betreffende Person sich vor dir verschließt und sich gar nichts verändert. Du bist jetzt vielmehr gefragt, den Menschen um dich herum auf eine meist indirekte Weise zu helfen. Dies geschieht hauptsächlich dadurch, dass du ihnen bedingungsloses Verständnis und bedingungslose Liebe entgegenbringst. Auf diese Weise werden sie sich dir mehr und mehr öffnen und du kannst Impulse setzen, die ihnen helfen, selbst auf die Ursachen ihrer Probleme zu kommen. Auf diese Weise wirst du die Beziehungen in deinem Leben stetig verbessern und vertiefen.

Noch wichtiger als die Beziehungen zu anderen ist jedoch die Beziehung zu dir selbst. Solange du mit dir selbst nicht im Reinen bist und Teile von dir ablehnst, wirst du diese Ablehnung nämlich auch immer auf irgendeiner

Ebene in deinen Beziehungen gespiegelt bekommen. Bereits im Zuge deiner Grundausbildung habe ich angesprochen, wie wichtig regelmäßige Selbstreflektion ist und dass du diese neue Angewohnheit niemals ablegen solltest. Hierzu wirst du anfangs vermutlich nur eine andere Person mit einbeziehen, je mehr sich aber deine Beziehungen verbessern, desto mehr Menschen wirst du in diesen Kreis aufnehmen. Damit gibst du diesen Menschen die Möglichkeit, diese Angewohnheit selbst zu pflegen und zu ihrem Besten zu nutzen, gleichzeitig bietet sich dir aber auch immer mehr Feedback, das dir helfen wird, zu dir selbst zu finden und den für dich richtigen Weg im Leben zu finden. Bleibe offen, achtsam und neugierig, so wirst du stetig weiterwachsen und dein Leben kann sich voll entfalten. Allein durch diese neue Art der Weltanschauung und den dadurch veränderten Lebensstil, indem du allem, was dir begegnet, Achtsamkeit, Liebe und Respekt entgegenbringst, erreichst du etwas unglaublich Wichtiges:

Du dienst der Welt auf eine umfassende Weise, denn du beeinflusst nicht nur dich und die Menschen in deinem direkten Umfeld. Vergleiche das mit dem Welleneffekt, wenn du einen Stein ins Wasser wirfst. Menschen, die du beeinflusst hast, beeinflussen wieder Menschen, die du nicht einmal kennst und so weiter. Jede noch so kleine Tat hat ihre Konsequenzen und kann ungeahnt große Effekte nach sich ziehen. Dafür möchte ich dir abschließend gerne ein Beispiel aus meinem persönlichen Leben geben:

Eine enge Freundin machte vor einigen Jahren eine Phase tiefster Verzweiflung durch, da ihr Leben immer mehr außer Kontrolle zu geraten schien. Sie fürchtete um ihren Job, ihre Wohnung und ihre Gesundheit. Eines Tages gipfelte diese Verzweiflung in Selbstmordgedanken. Sie stand morgens am Bahnhof und wartete auf die S-Bahn, die sie zur Arbeit bringen sollte, konnte ihre negativen Gefühle jedoch kaum noch beherrschen. Plötzlich kam in ihr der Gedanke auf, sich vor den Zug zu werfen, wenn dieser in den Bahnhof einfuhr. In diesem Moment erschien ihr dieser Gedanke so erlösend, dass sie beschloss, genau dies zu tun. Da sie jedoch noch einige Minuten auf den Zug warten musste, sah sie sich noch einmal bewusst um, um gewissermaßen Abschied von dieser Welt zu nehmen. Der Bahnhof war menschenleer, es war noch sehr früh am Morgen, nur ein einziger Mensch saß ein paar Meter entfernt auf einer Bank und fütterte einige Tauben.

Der Mann spürte ihren Blick, sah auf und lächelte sie warmherzig an. Dann zeigte er auf die Tauben und erklärte ihr laut, wie viel Freude es ihm bereite, diesen Tieren Nahrung zu bieten, damit sie nicht den Müll der Menschen fressen mussten, der sie nur krank machen würde. Dann wünschte er ihr einen schönen Tag und wandte sich wieder seiner Beschäftigung zu. In diesem Augenblick löste sich der emotionale Knoten, der meine Freundin beinahe in den Selbstmord getrieben hätte. Plötzlich liefen ihr Tränen der Erlösung über das Gesicht, die finsteren Gedanken lösten sich auf und machten der Erkenntnis Platz, dass das Leben auch einfach sein kann, dass es auch gute Menschen gibt und dass es immer eine Lösung geben wird. Einzig das warme Lächeln dieses Mannes und seine Selbstlosigkeit den Tauben gegenüber hatten diese Veränderung in ihrem emotionalen Innenleben bewirkt und ihr damit das Leben gerettet.

Dieser Mann wird nie erfahren, was für einen großen Dienst er meiner Freundin in diesem Augenblick erwiesen hat, doch das ist auch nicht wichtig. Das Einzige, was wirklich zählt, ist seine Tat und die hat er allein dadurch erbringen können, dass er achtsam durchs Leben geht.

Deinen Lebensweg bewusst gemeinsam mit deinen Geistführern gestalten

Deine Geistführer werden dir immer wieder wichtige Hinweise geben, die dir dabei helfen, zu erkennen, welche Richtung du einschlagen solltest. Alles, was du dafür tun musst, ist, dich für ihren Rat zu öffnen oder sie direkt darum zu bitten, dann wird dieser dich auf den unterschiedlichsten Wegen erreichen. Manchmal werden sie direkt in deinem Kopf, auf telepathischem Weg, zu dir sprechen, manchmal sprechen sie auch durch andere Menschen, die gerade offen dafür sind. Genauso gut ist es möglich, dass die Antworten in Form von bestimmten Gefühlen kommen, zum Beispiel kann eine Art Enge im Brustkorb – im Bereich des Herzchakras – ein Nein bedeuten, während ein Gefühl der Weite ein Ja indiziert. Solche Antworten über Körpergefühle kommen in der Regel prompt, genauso wie solche, die du in deinem Kopf hören kannst. Achte auch auf spontane Bilder, die möglicherweise vor deinem geistigen Auge auftauchen, denn auch auf diesem Wege kann die geistige Welt mit dir kommunizieren. Nicht immer wirst du jedoch sofort eine Antwort erhalten, gerade bei größeren Fragen, die etwas komplexer sind, kann es manchmal einige Tage dauern. Dann kommt die Antwort häufig auch in Form von sogenannten Zeichen.

Wenn du zum Beispiel fragen würdest, ob ein Umzug in eine andere Stadt eine gute Entscheidung für dich wäre, und einige Tage später siehst du plötzlich ein Kennzeichen aus dieser Stadt (allerdings gilt das nur, wenn dieses Kennzeichen nicht ohnehin ständig auftaucht), einen Umzugswagen oder hörst vielleicht den Namen der entsprechenden Stadt im Radio oder Fernsehen, dann kannst du das als deutliches Ja verbuchen. Würdest du hingegen plötzlich mit Berichten von Umzügen konfrontiert, die sich für die betreffenden Personen als schlecht herausgestellt haben, könnte das ein Nein bedeuten. Zeichen sind nicht immer einfach zu erkennen, aber wenn in irgendetwas, das dir begegnet, eine Botschaft für dich steckt, wird deine Intuition dich normalerweise mit einem starken Gefühl darauf aufmerksam machen. Wichtig ist nur, dass du offen und aufmerksam durchs Leben gehst, denn auch, wenn du keine Frage gestellt hast, kommunizieren deine Geistführer sehr gerne auf diese Art mit dir.

Bitte bedenke an dieser Stelle, dass Eigenverantwortlichkeit ein sehr wichtiger Aspekt im Leben ist und dass deine Geistführer dir diese nicht abnehmen werden. Deshalb frage nicht wegen jeder Kleinigkeit deine Geistführer um Rat und mache vor allem deine Entscheidungen nicht vollständig von ihnen abhängig. Es ist immer gut, ihrem Rat zu folgen, sie werden sich jedoch auch nicht von dir abwenden, wenn du aus irgendeinem Grund einmal eine andere Entscheidung triffst. Schlussendlich gibt es noch einige Fragen, die du regelmäßig stellen solltest. Diese gehören allerdings zu den Fragen, auf die selten sofort eine Antwort kommen wird. Es geht dabei nämlich nicht um konkrete Entscheidungshilfen, sondern vielmehr darum, darauf zu achten, dass du auf dem für dich optimalen Lebensweg bleibst. Indem du diese Fragen regelmäßig stellst, lenkst du gewissermaßen immer wieder deinen Fokus auf diese Themen, so werden dir Hinweise aus der geistigen Welt zu den entsprechenden Themen auf jeden Fall auffallen, wo sie in der Hektik des Alltags – oder weil man manchmal einfach den Wald vor lauter Bäumen nicht sieht – sonst vielleicht eher untergehen würden.

- Was ist gerade wichtig für mich?
- Gibt es etwas, worauf ich mehr oder verstärkt achten sollte?
- Hat mein Körper alles, was er braucht?

Ich möchte dir kurz an einem Beispiel verdeutlichen, warum es so wichtig ist, diese Fragen im persönlichen Fokus zu halten, damit du entsprechende Antworten auch bemerkst:

Vor einigen Jahren begegnete mir beim Lesen im Internet immer wieder das Thema Kalium, obwohl ich eigentlich gerade ganz andere Dinge recherchierte. Ich interessierte mich dabei für einen bestimmten Neurotransmitter, der im Gehirn eine Rolle spielt, und suchte nach diesem Thema, trotzdem stieß ich immer wieder auf Artikel, die das Thema Kalium und dessen Rolle bei der Übertragung von Nervenimpulsen sehr stark ausführten. Irgendwann wusste ich alles, was es über Kalium zu wissen gibt, aber immer noch zu we-

nig über das, was ich eigentlich suchte. Zeitgleich bemerkte ich, dass mit meinem Herzen etwas nicht stimmt. Ich bekam starke Herzrhythmusstörungen und fühlte mich mit jedem Tag schwächer. Nach einer Woche ging ich endlich zu meinem Arzt, der mich sofort ins Krankenhaus einwies, weil er Verdacht auf einen bevorstehenden Herzinfarkt hatte. Nach einer gründlichen Untersuchung wurde dann bei mir eine sogenannte Hypokaliämie festgestellt. Dabei handelt es sich um einen extremen Kaliummangel, der tödlich wirken kann, wenn er zu lange anhält. Wäre ich damals offener gewesen, hätte mir der dauernde Hinweis auf das Thema Kalium auffallen müssen und es wäre gar nicht erst so weit gekommen.

Aus diesem Grund sind die drei obigen Fragen so wichtig, denn auch, wenn nicht jeder mit irgendeiner gefährlichen Mangelerscheinung zu kämpfen hat, die gerade sein Leben bedroht, können entsprechende Hinweise zu für uns bedeutsamen Themen entscheidend sein, wenn wir sie nur bemerken!

Es gibt noch einen letzten, wichtigen Punkt in Bezug darauf, wie du deine Geistführer in dein Leben einbeziehen kannst und solltest. Es gibt im Leben eines jeden Menschen immer wieder Herausforderungen, anstrengende Zeiten oder Dinge, die Angst machen. Nicht immer haben wir dann jedoch einen Menschen an unserer Seite, der uns entsprechend unterstützt, stärkt und Mut macht. Wenn du in gutem Kontakt zu deinen Geistführern stehst, ist dies jedoch auch nicht notwendig, denn diese sind immer an deiner Seite! Deshalb solltest du dir angewöhnen, bei solchen Gelegenheiten deine Geistführer darum zu bitten, dich zu begleiten, an deiner Seite zu sein, dir Kraft und Mut, Trost und Hoffnung zu schenken oder dir emotionale Rückendeckung zu geben, wenn du diese benötigst. Denn auch, wenn sie immer da sind, werden sie ohne deine direkte Bitte nicht eingreifen und nichts in dieser Richtung unternehmen. Eigenverantwortung und der freie Wille stehen für sie an höchster Stelle, wenn du sie jedoch direkt um Hilfe bittest, werden sie da sein.

Mediale Arbeit als Beruf

Wenn du deine Medialität einsetzen möchtest, um damit beruflich für andere zu arbeiten, betrittst du noch einmal eine ganz neue Ebene. Es ist etwas vollkommen anderes, für dich selbst, deine Familie oder Freunde deine medialen Fähigkeiten einzusetzen, auch wenn du hier natürlich genauso ernst- und gewissenhaft an die Sache herangehen wirst. Sobald du deine Fähigkeiten professionell zum Einsatz bringen und damit auch Geld verdienen möchtest, bist du nämlich einem hohen Druck ausgesetzt. Dieser besteht nicht nur aus dem Erwartungsdruck deiner zukünftigen Klienten, sondern vor allem auch aus deinem persönlichen Erwartungsdruck dir selbst gegenüber. Deshalb möchte ich dir zum Abschluss dieses Buches noch einige Anregungen mitgeben, wie du mit diesem Druck in der professionellen Arbeit am gesündesten und konstruktivsten umgehen kannst.

Die Wahl des passenden Arbeitsstils

Zu Beginn solltest du dir einige Grundlagen überlegen, wozu zum Beispiel die Klärung der Frage gehört, ob du im Beisein deiner Klienten channeln möchtest oder lieber für dich allein und ob du persönliche Sitzungen anbieten oder lieber per Telefon arbeiten möchtest. Besonders zu Beginn rate ich dir, Channelings nicht im Beisein von Klienten zu machen. Ihre Anwesenheit ist dafür nicht notwendig und du bist freier, ungehemmter und vor allem weniger abgelenkt, wenn du allein arbeitest. Ob du Sitzungen persönlich oder telefonisch gestaltest, hängt wohl vor allem von deinen persönlichen Möglichkeiten ab. Wenn du entsprechende Räumlichkeiten zur Verfügung hast, um Klienten empfangen zu können, oder du mobil genug bist, um deine Klienten zu Hause zu besuchen, spricht im Grunde nichts gegen persönliche Sitzungen.

Die Arbeit über telefonische Beratungen bietet jedoch einige Vorteile, zum Beispiel kannst du bequem von zu Hause aus arbeiten und du erreichst einen viel größeren Kundenstamm, da du im Prinzip mit Menschen aus der ganzen Welt arbeiten kannst, statt nur aus deiner näheren Umgebung. Während meiner persönlichen, medialen Arbeit entschied ich mich für diese Variante, ich beriet per Telefon und E-Mail und führte Channelings allein durch. Dabei hatte ich Klienten aus sämtlichen Teilen der Welt, die durch meine Webseite auf mich aufmerksam wurden. Du musst dir keine Sorgen darüber machen, dass der fehlende persönliche Kontakt dazu führen könnte, dass du keine ausreichende Verbindung zu deinen Kunden aufbauen kannst. Du hast inzwischen gelernt und selbst erfahren, dass und auf welche Art wir alle miteinander verbunden sind, und auch, dass es ohne Schwierigkeiten möglich ist, sich selbst mit einem völlig fremden Menschen am anderen Ende der Welt emotional zu verbinden. Dafür genügen allein der Kontakt und die Intention.

Wie du Sitzungen mit Klienten strukturierst

Egal, für welche Variante du dich nun entscheidest, der Aufbau einer Sitzung bleibt in beiden Fällen gleich. Deshalb möchte ich dir nun Anregungen geben, wie du diesen gestalten kannst. Zu Beginn steht natürlich die Kontaktaufnahme und die Begrüßung. Öffne dich geistig und emotional für diesen Menschen mit der Intention, ihn verstehen und ihm helfen zu wollen, unabhängig davon, wie du sein Anliegen persönlich bewertest. Das ist der wichtigste Punkt in der Arbeit mit anderen Menschen, Bewertungen deinerseits sind völlig fehl am Platz! Jeder Mensch gibt immer sein Bestes, gemessen an dem, wo er persönlich steht. Wenn du dir diesen Grundsatz vor Augen hältst, kannst du verstehen, helfen und lenken, wo es nötig ist. Dann wird sich ein Kunde verstanden und gut aufgehoben fühlen und auch wieder kommen.

Nach der Kontaktaufnahme bittest du den Klienten, sein Anliegen so ausführlich wie möglich zu schildern. Höre jetzt einfach nur aufmerksam zu. Wenn das Erzählte Fragen bei dir aufwirft, unterbrich ihn nicht, sondern mach dir eine kurze Notiz und stelle die Frage erst dann, wenn er fertig mit Erzählen ist. Je nach Anliegen kannst du dann zunächst deine eigenen Fragen zum besseren Verständnis des Problems an den Kunden stellen. Nun gilt es, zufriedenstellende Lösungen zu finden. Wenn der Kunde ein Channeling möchte, erfrage alle Informationen, die für dich relevant sind, um das Channeling durchführen zu können. Dann erkläre ihm den weiteren Ablauf und wann du ihm das Ergebnis zukommen lässt. Handelt es sich eher um eine mediale Beratung, öffne dich vor allem für die Durchsagen deiner Geistführer, um die richtigen Antworten für diesen Menschen zu finden. Achte auch immer auf deine Intuition und auf eventuelle Impulse. Besonders Letzteren solltest du jederzeit unverzüglich folgen, ohne sie in Frage zu stellen!

Wie du gechannelte Informationen und Durchsagen von Geistführern am besten überbringst

Der wohl wichtigste Aspekt der medialen Arbeit für andere ist die Art und Weise, wie du die Informationen, die du als Antwort auf ihre Anliegen erhältst, an sie weitergibst. Aus meiner beruflichen Erfahrung kann ich nämlich sagen, dass der folgende Grundsatz gilt: „Frage nur, wenn du für die Antwort auch bereit bist!"; und dass die meisten Fragesteller sich dieses Grundsatzes nicht wirklich bewusst sind. Das bedeutet, die Antworten, die ein Klient bekommt, schmecken ihm oftmals überhaupt nicht. Du möchtest dem Menschen aber helfen und natürlich soll er auch zufrieden mit deiner Arbeit sein, deshalb musst du lernen, Antworten auf eine Art und Weise zu verpacken, die möglichst konstruktiv ist. Alles hat seine zwei Seiten, deshalb steckt auch in einer Antwort, die ein Klient sicher nicht hören möchte, immer ein positiver Aspekt. Diesen gilt es, herauszufiltern und zu betonen, bevor die Information weitergegeben wird. Zur Verdeutlichung möchte ich dir hier ein hypothetisches Fallbeispiel geben:

Eine Klientin plagt großer Liebeskummer. Sie kommt zu dir, weil sie der festen Überzeugung ist, dass ihr Angebeteter ihre Gefühle erwidert, es aber einfach nicht schafft, aus seiner bestehenden Beziehung auszubrechen. Sie möchte von der geistigen Welt Rat, wie sie sich verhalten soll, damit er endlich zu ihr steht bzw. was er braucht, um das schaffen zu können. Natürlich möchte sie auch wissen, wann dies endlich geschehen wird. Nachdem du das Channeling für sie gemacht hast, ist die Antwort relativ niederschmetternd: Der Mann nutzt sie nur aus, hat keine echten Gefühle für sie. Er ist ihr jedoch begegnet, weil darin eine wichtige Lernaufgabe für die Klientin besteht. Diese hat nie gelernt, für sich einzustehen und sich selbst zu lieben. Ihr bisheriges Leben bestand darin, sich für andere aufzuopfern, ihr Selbstwert ist gleich Null. Es gibt jedoch einen Mann, der tatsächlich für sie bestimmt ist und der sich auch in ihrer Umgebung befindet. Jedoch wird dieser nur dann auf sie aufmerksam werden, wenn sie eine bessere Beziehung zu sich selbst entwickelt, und sie würde ihn nur bemerken, wenn sie offen dafür ist.

Die Botschaft an diese Klientin solltest du dann nach der „Sandwich-Methode“ verpacken: Eine gute Nachricht, dann die schlechte, dann wieder eine gute. Die Betonung legst du dabei besonders auf die positiven Aspekte, auf diese Art kann die Nachricht nicht nur besser angenommen, sondern auch verarbeitet werden und zu tatsächlich positiven Ergebnissen führen.

Die fertige Ausarbeitung könnte dann wie folgt aussehen:
Die geistige Welt teilt dir mit, dass eine wunderschöne und tiefe Liebe auf dich wartet, die bereits seit deiner Geburt für dich bestimmt war. Diese Liebe ist jedoch eine echte Herausforderung, denn um eine Intimität von der Art, die dich erwartet, auch leben zu können, ist von dir echtes Wachstum gefordert. Du musst erst lernen, dich selbst so anzunehmen, wie du bist, in allen Aspekten des Lebens hinter dir zu stehen und dich wirklich zu lieben. Nur so kannst du eine Beziehung auf Augenhöhe mit deinem Seelenpartner führen, die dich und ihn wirklich erfüllen wird. Damit du die Chance hast, zu lernen und in diese Richtung zu wachsen, wurde dir der Mann auf den Weg geschickt, zu dem du deine Frage gestellt hast.

Er ist nicht der von dir ersehnte Seelenpartner und er ist auch nicht bereit, wirkliche Veränderungen in seinem Leben durchzuführen. Er soll dich vielmehr herausfordern, zu erkennen, wie viel mehr du verdient hast. Deshalb solltest du diesem Mann offen sagen, was du brauchst und dir von ihm wünschst, damit du deine Angst verlierst, für dich einzustehen. Lass ihn dann los, wenn er dir nicht geben kann, was du willst, und schau auf dich. Sorge jetzt einmal selbst für dich, entwickle erst eine liebevolle Beziehung zu dir selbst. Dein dir bestimmter Seelenpartner befindet sich bereits ganz in deiner Nähe und nur die Liebe zu dir selbst kann dich in die richtige Schwingung versetzen, damit ihr euch findet. Die geistige Welt hat betont, dass du es auf jeden Fall schaffen wirst, dieses Ziel zu erreichen, und dass dein Leben danach nie wieder so sein wird, wie es einmal war.

Natürlich solltest du das Ganze noch weit detaillierter ausführen, ich wollte dir hier lediglich aufzeigen, wie du die positiven Aspekte einer schlechten Nachricht betonst. Wenn du solche Nachrichten überbringst, solltest du außerdem immer auch den Raum für ein persönliches Gespräch lassen, indem du den Klienten aufbaust und deine Hilfestellung anbietest, bei was auch immer er diese dann benötigt. Vermittle an dieser Stelle, dass du nicht nur in der Lage bist, wichtige Botschaften zu empfangen, sondern auch, jemandem die Kraft zu geben, sein Leben selbst in die Hand zu nehmen und ihm dabei zur Seite zu stehen. Es gilt an dieser Stelle, eine positive Beziehung zum Klienten aufzubauen, innerhalb derer er sich unterstützt und sicher fühlt. Dann ist es auch kein Problem mehr, Nachrichten zu überbringen, die nicht das sind, was man sich erhofft hat.

Im Laufe der Zeit wirst du so mit deinen Stärken und Schwächen in Kontakt kommen und für dich herausfinden, welche Form der medialen Arbeit dir am besten liegt. So wirst du langsam einen ganz persönlichen Stil in deiner Arbeit entwickeln und kannst den Grundstein für echten Erfolg legen. Bedenke bitte, du musst nicht alles machen, was du rein theoretisch kannst. Es wird immer Dinge oder Techniken geben, die dir vielleicht einfach nicht liegen oder die nicht in den Bereich deiner persönlichen Interessen fallen. Konzentriere dich auf die Aspekte der medialen Arbeit, die dir wirklich Freude bereiten, dann wird dir die Arbeit immer leichtfallen und sowohl dir als auch deinen Klienten einen echten Mehrwert bieten!

Schlusswort

Wir kommen nun zum Abschluss dieser Lektüre, doch ich hoffe sehr, dass dieser nicht auch den Abschluss deiner medialen Reise bedeutet. Dieses Buch kann dich über einen langen Zeitraum begleiten und dir als Ratgeber und Nachschlagewerk im Zuge deiner Ausbildung dienen, für die du dir hoffentlich ausreichend Zeit nimmst. Doch auch, wenn du alles ausgeschöpft hast, was du aus dieser Ausbildung lernen konntest, muss dein Weg damit noch lange nicht beendet sein oder auch nur stagnieren. Im Gegenteil fordere ich dich dazu auf, weiter zu forschen und die erlernten Techniken selbst weiterzuentwickeln oder sogar völlig neue, eigene Ideen umzusetzen.

Medialität gewinnt immer durch Neugier und Forscherdrang. Diese wecken neue Ideen, die du einfach spielerisch ausprobieren solltest. Sämtliche Techniken, die ich dir in diesem Buch vorgestellt habe, habe ich selbst bestenfalls als Grundlage erlernt und diese im Laufe meines eigenen Weges ständig optimiert. Einige habe ich sogar vollständig selbst entwickelt, einfach, weil ich eine Idee hatte und probierte, ob diese funktionieren würde.

Es gibt unendlich viel zu erforschen und keine Frage kann jemals endgültig beantwortet werden. Versuche, die Fragen der Spiritualität und Esoterik, die sich dir im Laufe deines persönlichen Weges stellen werden, nicht nur aus einer Perspektive zu beleuchten. Öffne dich stattdessen für so viele Perspektiven wie möglich, damit meine ich andere Religionen und Weltanschauungen und vor allem auch die wissenschaftliche Sicht auf solche Fragen. Besonders, wenn es um Dinge wie Channeling, Telepathie und andere Welten geht, hat auch die Wissenschaft einige interessante Erklärungsansätze zu bieten, die dich weiterbringen und dir neue Ideen liefern können. Das Gebiet der Quantenphysik sei hier vor allen anderen genannt!

Bleibe stets offen und neugierig und übe dich in Geduld, Mitgefühl und bedingungsloser Liebe. So wirst du auf jeden Fall deiner Verantwortung der Welt gegenüber gerecht und deine Fähigkeiten immer zum Besten aller einsetzen, unabhängig davon, auf welche Weise du sie einzusetzen gedenkst. Ich hoffe sehr, dass dieses Buch eine Bereicherung für dich war und dir ein steter Begleiter auf deinem zukünftigen, medialen Weg sein wird.